無 根 的 雲

李如玉短篇小說集

李 如 玉 著

文 學 叢 刊

文史哲出版社印行

國家圖書館出版品預行編目資料

無根的雲 / 李如玉著. --初版 -- 臺北市：
文史哲, 民 101.03
頁；　公分（文學叢刊；266）
ISBN 978-986-314-022-1（平裝）

857.63　　　　　　　　　　101005025

文 學 叢 刊 266

無 根 的 雲
李如玉短篇小說集

著　　　者：李　　如　　玉
出　版　者：文　史　哲　出　版　社
http://www.lapen.com.tw
e-mail：lapen@ms74.hinet.net
登記證字號：行政院新聞局版臺業字五三三七號
發　行　人：彭　　　正　　　雄
發　行　所：文　史　哲　出　版　社
印　刷　者：文　史　哲　出　版　社
臺北市羅斯福路一段七十二巷四號
郵政劃撥帳號：一六一八○一七五
電話886-2-23511028・傳真886-2-23965656

定價新臺幣三○○元

中華民國一百零一年（2012）三月初版

ISBN 978-986-314-022-1　　08266

眾緣成書 —— 外一篇

　　以往（早些時候）寫書、出書靠的都是人力；沒想到時代進步了，當今寫書出書幾乎都機械化了，靠的大部份是電腦。

　　而我那架最新上市的電腦也才剛買來不久，才剛學會操作它（以僅僅兩個月的時間來學習中文電腦書寫及其應用，連自己都不太敢相信。），所以說對這架電腦我十足是個門外漢！

　　可現在這架輕薄如羽的時尚電腦卻倏忽間在鬧她的小姐脾氣了！任我怎麼哄都不管用，祇死不肯讓我進入她底世界裡頭去窺探。這下子我可急了，瘋了！趕緊向還在國外公幹的外子求救（只因這架電腦是他選購的）。他愛莫能助，只能叫我求助於剛來此地工作不久的梅女婿。事情總算是解決了，也告一段落，這才大大地鬆下一口氣！

　　由這個突發事件我遂想到欲成就這部書是如何之不易！它串連了眾多的因素（因緣）來形成，非單靠我一根禿筆寫寫即可成就的。它動員了天地間萬事萬物（包括了所有與它結上緣的人和事物）來參與和促成，最終發酵成此書。所以說這本書到最後並非屬於我個人所有，它乃屬於天地萬物。而充其量我也只不過是其中的一名參與者罷了。當我想到這些，心裡不免感到挫折，可過後也就釋然了；唯因吾已盡吾

所能履行了天地賦予吾的這項使命，再也沒有遺憾了。

　　卻說此書原本早該在三十年前就當面世（由新加坡文藝研究會出版）；然而，或許是因緣未足吧，它終歸無緣以面世。

　　想不到在三十年後，它卻因緣俱足了而得以見天日。這真正是天意啊！而面世之後卻又不屬於我所有，這也可說是天意啊！

　　最後，對所有與此書結緣的人及事物，我除了感恩，還是感恩！

寫于 2012 年 3 月 2 日

自 序

　　本結集總共收集了 20 個小說短篇。它們乃是筆者于一九七十及八十年代所創作的一些鄉土小故事；它們分別刊登于星洲日報的《晨星》、《世紀風》、《小說世界》、聯合早報的《星雲》等文藝副刊以及《新加坡文藝季刊》。此外，尚有一篇題名為《抉擇》的是在一九八二年新加坡文化部聯合各大語文報章所主辦的短篇小說創作比賽中獲得「佳作獎」。

　　若問人生是什麼？筆者可以毫不猶豫的說：人生不過是一連串毫無止盡的大大小小的抉擇游戲。從少到老，人們都在抉擇的狹縫中生存着、沖刺着。這游戲可以小至吾人生活當中所面對的一切大小事務；也可大至一個國家的國是，乃至國與國之間相對的策略等等。它更涵蓋了整個宇宙萬物物競「天擇」的抉擇本色。自盤古開天以來，整個二元世界就是如此這般的在進行着這項游戲，沒完沒了。

　　話說欲從結集裡眾篇章中挑選一篇來作為此書的命名，的確不是一件容易的事；只因各個篇章都有它自己的故事，而幾乎每個故事也都貫穿了「抉擇」這兩個字來寫。最初筆者就像唐伯虎點秋香那樣點了個「幸福以外的」；其後出版社的彭小姐卻建議我用「無根的雲」。我想彭小姐閱歷豐富，必有她獨到的看法。又或許這是天意吧！

在「無根的雲」裡，故事中的主人翁林偉平游子返鄉，一心一意欲以所學貢獻給自己的鄉土，可卻不得要領。失望之餘，再加上妻子的不贊同，最終只有選擇放棄夢想再度離鄉去繼續他的旅人生涯。此時他覺得自己就像機艙外的一片雲，飄迫不定，無個着落。

然而，若從另一個角度來看；雲兒雖是無根，飄泊不定，不知所向。可是它安詳，它自在，它與世無爭，它毫無目的、毫無居心、毫無選擇……。若能嘗試去了解它的這些特質，或許會為您帶來些許瞥見也說不定。

至於「幸福以外的」，此篇中故事的主人翁高大山最終也正為了一場無奈的婚姻在作痛苦的「抉擇」，到底該不該放棄這段沒了指望的婚姻？

若問「幸福」如何定義？筆者只能這麼說：當「不幸福」的程度相對地減少的時候，或者當「不幸福」消失時；只因幸與不幸福乃是一個錢幣的兩面。

而「幸福」又似乎與所作的「抉擇」密密相關，如影隨行。當選擇正面多一些的時候，幸福隨之而至；反之，則將偏離幸福。

除此，筆者以為，真正的幸福就是不作選擇。當沒有選擇的時候，就已然超越了二元性；超越了「幸福」，幸福以外的。

再說人生就像是個大舞台。而芸芸眾生個個天生就是一個出色的演員；不單演，而且自編自導自演。然而這些都不是重點，最主要的還是坐在台前看戲的那名觀眾，他到底是誰？

不是你，也不是我。

那麼他到底又是何方神聖？

這才是關鍵所在。

本書中的故事人物大都虛構，如有雷同，純屬巧合。特此聲明。

最後筆者在此要特別感謝吾友林宜貞及其夫婿吳尊銓倆的落力支持與幫助，本書方得以順利付梓出版。還有吾老公全心全意的支持。謝謝您，老公！

此外，梅女婿和黃女婿在電腦的操作和應用上亦給予我莫大的協助與指導；還有女兒書好為我抽空設計封面（書名則由我親執毛筆書寫），在此要謝謝他們。

至於吾家老大（大女）而今身在國外工作拚命，吾不想驚動她，想她若是知道了，必也會為吾此即將面世的書寄上深深的祝福！

是的，「無根的雲」，祝福你！

2012 年 2 月 27 日于獅城

6　無根的雲

後　話

　　忽然想到張愛玲曾在她的傳奇再版自序裡頭的開端有這麼一小段：呵，出名要趁早呀！來得太晚的話，快樂也不那麼痛快。最初在校刊上登兩篇文章，發了瘋似的高興著，讀了一遍又一遍……就現在已經沒那麼容易興奮了……

　　我想她說的也是。

　　遂又想起蔣竹山的那首詞：少年聽雨歌樓上，紅燭昏羅帳。壯年聽雨客舟中，江闊雲低，斷雁叫西風。而今聽雨僧廬下，鬢已星星也。悲歡離合總無情，一任階前點滴到天明。

　　同樣的都是個人在不同的人生階段心境上的轉移啊！

　　早在 1982 年，當新加坡文藝研究會答應為我出版一本小說集時（當時筆名是小農，書名則是「父與子」），當時的興奮實非筆墨所能形容！可過後等了一年又一年，始終沒有下文……就這樣「父與子」終石沉海底，而吾也化成了「望子石」！

　　三十年後。某日。吾友林宜貞的老公吳尊銓（我管他叫老吳）忽然拿了一本他在退休後費了幾年功夫所寫成的書──「過目雲烟」送我閱讀。我除了感到驚訝外，不免佩服他的大勇，居然在這樣的一個荒漠年代為自己（自費）成就了一番大業──出版了一部書。在閒談中，他得知我過去亦曾有過要出書卻未能如願的經歷。於是力促我也以他為樣，

為自己做點事；且義不容辭的要幫我這個忙，為我介紹替他出書的那個出版社。我當下猶在那躊躇不已；那些舊作都已經是三分之一世紀前的東西了，還有用麼？它被我深深的冷藏著，從未想過要再去動用，就好似那被打進冷宮的妃子，我壓根底兒的忘卻了這件事！

然而，在讀著老吳的「過目雲烟」（Smoke Gets Into Your Eyes）時，不知是否為那煙霧所刺激，我居然心有所動，也想為自己做點什麼了；或者應該說是在為自己的「能量」找尋一個良好的出口吧！

吾因天地而生，天地賦我以能量（生命），讓我以某種形式存在著；是以吾也應用此能量做些什麼來回饋天地，方不愧對它啊！

而天地和萬物就是以這種相互依賴的關係存在著。天地不能沒有你，而你亦不能沒有天地。

就這樣，我再次把冷藏著的東西重新找出來整理一番；除了「父與子」原有的那些篇章外，再加上數篇後來寫的，再度結合成一本集子，讓老吳將它帶到寶島的北市去交給文史哲出版社，並為我向該社引薦一番。其時老吳夫婦剛好有事要回寶島走一趟，我就趁此機會託付他代向出版社接洽談商一切。事情總算談妥了，文史哲出版社終答應為我出版（自費）這本小集子。

當老吳在電話中向我透露這個好消息時，我底心湖是一片平靜，沒有一絲絲的漣漪波動。我聽著，它就好似一件與我毫不相干的事那樣。緊接下來我所關切的是如何來跟出版社作緊密的合作，用心作好這本集子，將它以最佳的形式來呈現給天地萬物；包括了所有與它結上緣的人及事物。

　　從未想過要參與什麼「封面設計」，可卻大膽的承擔下這項任務。試試看，我跟自己說。當然最終的設計任務還是請女兒來承擔，而吾只管出點子。最後再將所設計的交由出版社去定奪跟處理。是以當我把「無根的雲」交給女兒作「封面設計」時，順便告訴她它的英譯詞義：「Clouds Without Roots」。女兒立即回彈：雲兒本無根，何以還說它是「無根」的雲？吾一時啞然。

　　遂想起當年跟繼聞師父學禪、參公案。繼聞師出了一道公案題：趙州說狗無佛性。請問「無」作何解？這道「無」的公案我參了好長的一段時日，方得師父的首肯而過關。

　　若您問吾：雲兒有根麼？

　　吾當答曰：無。

　　請問這「無」作何解？

　　這則「雲兒無根」的公案就留待您慢慢去參吧！

　　　　　　　　2012 年 3 月 18 日寫於獅城半閒居

無 根 的 雲

目　　次

補習市場

　　這時的我，就有如一頭被困在籠子裡頭的獸那樣，極端煩躁的在廳子與吃飯間穿進穿出。

　　電話是設在廳子裡頭的一個角落處；而我則喜歡利用吃飯間來閱讀及寫東西。原因是客廳裡那張矮小的長方桌沒有吃飯間那張高度適中，而且又大又寬的飯桌來得舒適。

　　就這樣地，我渡過一個空白的上午；什麼事都沒法子做！

　　我在等電話。不止一個……。這還是我自己大膽的預測。可是結果是一個也沒等到！

　　於是，我再度翻開報紙，翻到「分類廣告」版。就在版位的最下方一小角處，我再度找到自己刊登的那則「廣告」：補習教師待聘。……請電××××黎接洽。電話號碼並沒刊錯。怎麼會連個鬼都沒？

　　悶悶的吃過午點。有點倦。睡意漸漸襲來。我隨便的拿了本書，眼睛半張半合的斜躺在客廳裡那張紅色的沙發椅上。

　　「叮鈴！叮鈴！……」驀地，鬼號似的，一陣震人心弦的電話鈴聲震得人睡意全消。

　　我跳起來。一箭步上前拿起聽筒。

　　『喂！請問你那裡是不是有跟人家補習的？』是個女高音。可是這個女高音的頻率太尖太急了，教人不敢領教；就好像是張三十三又三分之一轉的唱片，給誤放到那轉速是四

十五 RPM 的唱機上唱那樣。

　　『啊，是的！請問你是哪裡的？』我最關心的要算是在「哪一區」了。我不想要那些離我這兒太遠的，因為我不想將寶貴的時間浪費在那來來去去的無謂奔波上。此外，來回的車資也叫人感到大大的吃不消！

　　『A，我在……加東這邊。』

　　『什麼？丹戎巴葛？』

　　『不是啦，是加東！』她加重語氣。

　　『哦，加東，』我彷彿是洩了氣的皮球。『太遠啦！』我無精打采地說。

　　『太遠？這樣你不要囉？』於是雙方幾乎同時放下電話。

　　我頹然地跌落在沙發上。睡意全無。

　　眼睜睜的望著那蒼白的天花板出神。就這麼地盯了一個下午。……

　　等了一個早上，一個下午，結果是只來了那麼一個。而這一個又是在加東，坐一趟車要一個小時以上才能到達。唉！你說這能不洩氣麼？

　　晚餐也吃得不三不四，胃口全無。

　　剛吞下半碗飯，一陣急促的叮鈴聲又響起，我趕緊丟下飯碗，飛快的跑去接。

　　「哈囉！」我十分客氣地，用比平時還柔和十倍的聲音，生怕將那就要上鈎的魚兒給嚇跑了：「嗯，嗯，我就是啊，請問你是……。」

　　「哦，不是我要補啦，是我一些朋友叫我代問的，他們也是這裡的……。」

　　「啊，歡迎，歡迎！」，真太好了，總算等到了一家。

「Ａ，他們是要補××跟××……。不過，你是怎麼收費的呢？」

『這個……，讓我看看吧！』我想起昨天夜裡與Ｔ兩人共同商討的結果。那就是：一般上收費不能太低。「情形」許可的話還要大刀闊斧的斬；比如說遇到那些大戶人家的子弟。還有，單人與小組的收費亦不盡相同。通常是個人要比小組費用高些。不過，碰上那些有鐳的，還是照斬不誤！還有，高年級與低年級也有不同。此外，補習時間的長或短等等好多好多……。

可是，因為這是我的第一家「顧客」，我不能就此說出我心目中早就定好的那個「價格」。萬一對方給嚇走了那不是得不償失嗎！

我遂改變主意試探對方：「這樣子好了，還是你先說吧！」

「這樣嘛，你知道的，住我們這一區的大都是些沒什麼錢的人家，他們負擔不了太昂貴的學費……。不過，我也不好隨便亂開口，我看還是你先說的好！」對方倒是挺客氣的。

「還是你說吧，沒關係。」我堅持道。

「好吧！」他拗不過我。「他們共有五、六個人這樣；而一個人最多只能給你四十塊……。」

什麼？才四十元？天哪！距離我心目中的那個數字還遠囉！這，這怎麼行呢？

『呢，……』我沉默了好一陣，終於說：『你知道以前我在××地方補，人家給我多少一個月嗎？差不多有你所說的兩倍哩！』

『這個我知道，』他不慌不忙地，『我不是同你說過嘛，收費的高低也是要看什麼區來決定。比方說在Ｔ區啦，Ｈ區

啦或是××區啦那一帶自然比較高……』真想不到他比我還清楚，我楞了好一下，聽他說下去：『我們這兒嗎，大多數是窮苦學生……而且，他們又是到你府上去的，時間也任由你分配……』

唔，照他這麼說，多少似乎已成定局，再說下去也只有拉倒。

『好吧！』我無可奈何地，『那就先叫學生們來跟我談談吧！』聲調平平的，沒有一些兒喜悅。

我想起了第一回 E 介紹我去當「家教」的情景來。那時我初出道，不懂得幹補習這一行居然還有「行情」，任由 E 替我擺佈。「俸金」（補習費）當然也是按照他跟人家補習的那個價。現在想起來，自己也真太傻了！想想我，一個堂堂大學畢業生；而 E 只不過是中學畢業罷了，照說我的「待遇」應該是高他一等的，可是我這呆瓜卻叫人家給佔盡了便宜！唉！我真恨 E。

這天晚上，我再也睡不安穩。腦子裡頭一直想著要怎樣去向那些上鈎的魚們討價還價。想著想著，竟迷迷糊糊地睡著了。……

夢中，我忙著向學生們收錢。收了一大袋子……然后，不知怎地，我竟將那些錢往空中一拋；鈔票於是便像飛花那樣紛紛灑落，灑落；灑滿了一地。空氣中還微微地散發著鈔票的香味呢！我瘋狂的撲向地面，捧著滿手的鈔票，嗅著，嗅著……格格格格格格格……就這樣我笑起來；瘋狂的笑。

我醒於笑中。

看看自己的兩只手，空空地，並沒有什麼紙幣。於是，這夜，我失眠！

第二天。

我還是等。看看再有沒有魚兒上鈎。

我想起了那則「守株待兔」的故事。心裡有點悵然！

等了一個上午，終於等到了一尾。

『喂，我是要我一個姓什麼黎的補習先生……。』是條老魚所發出的蒼濁聲音。

『啊，是的，是的，這裡就是。』我一疊聲的應著。

『哦？你就是啊？』對方有點意外，『Ａ……我是在替小兒找一個補習先生。是這樣的，我小兒今年讀中二，本來已經有一個替他補習了，但是，那個人又要走了，所以……。』真是又老又囉嗦！

『好啦，我都知道啦，』我不耐煩地，『你是哪裡的？』我直截了當。

『Ａ，Ａ，我就在這個……這個×區×個石。』正是我希望的。『我小兒他想要補這個……理化方面的，唔知你教得來麼？』

『唉呀，阿叔，這個你免擔心啦！我唔知教了有幾年啦，你還怕什麼……』我一邊拍著胸膛一邊說，『一切全都包在我身上好了！』其實，我只教過小六的數理罷了。不是我不能教；而是我不願意多花腦筋去想，多花時間去準備。我想起了一個校友，高我好幾屆的，商科畢業，數理水得要命，竟然會去替人家補習什麼數學。原來他都是先請高手代他解決了再拿去向學生交差，真正是高明之極！

「就是啦，就是啦，我就是看到你是大學畢業的，而且，又有經驗……」說到這裡，他忽然打住，改口問道：『但是，這個……學費你是安那（怎麼樣）收的？』

　　『那就要看囉；看你是個人還是小組補，個人嘛，是會多一點……』

　　『我這邊"峇魯才"（只有）我小兒一個；他一個禮拜要補三天，一天點半鐘，補兩個科目。你要安那算呢？』他有點急。

　　『這個嘛，……你等等啊，』我開始在心裡盤算著。對方只一個人，看來家境不壞，而且……於是我向他開出一百以上的價。

　　『什麼啊？』他在那頭馬上叫起來。彷彿是我踩到了他的痛腳似的：「安尼（這麼）貴啊？我以前請那個峇魯才幾拾塊而已……。」

　　『嗨，阿叔，你先別急，這個可以慢慢「參詳」的。』我急忙道，『不過，我可以給你講，我以前教過一個中學生，他是給我百多塊一個月哩！這樣吧，你說個公道好了，咱們再慢慢「參詳」……。』

　　「那就照我原先說的那樣好啦！」好一條「鹹澀」的老魚，一分錢也不肯加！我心裡暗罵不已。

　　「唉呀，阿叔，這不可以呀！而且，我又得老遠跑上門去，你就多加一些吧！」

　　「安尼已經很夠了。再說我這兒也不會太遠……。」這條老魚顯然很不好搞。

　　「好吧！讓我想想再告訴你吧！」我吸了口氣。記下他店裡的號碼。

　　當我再撥電話給他時，我照舊要求他多加一點。明知道他不會肯的，可是我仍然抱著那麼一線希望。

　　誰知他說：『現在我小兒還在考試中，我看這個還是等

過些時候再說吧！』老魚的聲調突然變得好冷好冷，完全不像先前那麼客氣了。

我忍住一肚子氣：『不要緊的。你要再告訴我好啦！價錢就照我講的那樣，你可以考慮考慮……』我不管他是否聽得進去，一口氣說了。

我知道他是不會再找我的了。

不過，我心裡仍然期望著。為什麼呢？因為那時，我大可這麼冷冷的回敬他：『對不起！我這兒學生人數已爆滿！』

其實，到現在，我連半尾魚都沒釣著……。

1976 年 12 月 20 日刊登于
星洲日報《晨星》版

出頭之日

　　屈指數來，文龍他們一家三口子「榮歸故里」都已經八個多月過去啦；也就是說，文龍他已經在家翹腳翹了有八個月啦！我們都不免暗暗替他難過又著急。可不知他本人的箇中滋味又是如何，大概是有如打翻了的五味瓶吧！

　　說真的，「失業」這兩個字眼不管是安在誰的胸頭上都是不好受的；更何況是文龍他已經不是單身漢，而是有了老婆跟孩子，須要挑起家的重擔的人了。

　　本來，一個人在「學未成，業未就」之際，最好是別急著論婚嫁之事。可是偏偏就有許多旅居在外的留學生，由於經受不住「孤單與寂寞」的煎熬，都紛紛趕在「學未成」之前就同心目中的人（或就像碰球那樣隨便去碰一個算了）一起手牽手上婚姻註冊處去了。文龍就是這許許多多例子中的一個……。其實認真說起來，他不單只是因為「孤單與寂寞」，最主要的還是恐懼在天邊的她會等不及而生變故！原來文龍的那個她還是他在 T 島求學的時候，在某一次郊遊中認識的。從此就這麼泡上了。一直到他大學畢業，離開那個小島遠赴地球的另一端深造。臨走前，他請求她再多等他個一、兩年，待他拿個什麼學位之後，就立刻回來跟她結婚。可是誰知天卻不從人願，兩年過後，「學位」是得到了；但他與萍萍的婚事卻無法順利進行 ── 家裡不支持他，而他又是個

窮留學生，打哪兒來的錢回 T 島去結婚呢？

　　那時，我們還住在英格蘭中北部的一個小山鎮，距離利物浦很近。文龍當時就在利物浦。為了這件事他很苦惱，來找我們訴了好幾次苦經。

　　他說：我好不容易的才將「碩士」課程修畢，正待向萍萍報告好消息，誰知道我家裡卻來了個「命令」，說什麼要我再接再勵，續攻博士學位，至於婚事則延後再談。我哥哥還說什麼我們那村子新近剛出了個「博士」子弟，光采得很哪！要我也以他為樣，也扛個「博士」回去炫耀炫耀。你說糟不糟糕！我跟萍萍的事看來沒指望啦，你們說我該怎麼辦？他戚然無助地。

　　什麼「怎麼辦」？要不要再唸下去是決定於你自己，家人是勉強不了的。假如你怕萍萍會變心，那就不用管那麼多，趕緊回去找她結婚吧！T 半開玩笑半認真地說。

　　噥，這怎成啊？家裡不答應，我又沒錢⋯⋯。文龍苦著臉。

　　說到錢這節骨眼的問題上，大家似乎都沒主張了！沒有錢，那就一切免談。想想大家都是同一條路上的人 ——「窮學生」，誰有多餘的錢呢？

　　可憐！文龍就這樣苦著臉來，又苦著臉回去。

　　可過不了多久，約莫兩三個月後，他忽然從利市寄來一封盛滿喜氣的信：我就要到 T 島結婚去啦，恭賀我吧！家裡那兒已沒問題 —— 我哥哥已經給我匯錢來了。我也已申請到這兒的獎學金繼續博士學位。有了獎學金補給，萍萍來時就好多了⋯⋯。你們定會感到驚奇，為什麼我家裡又突然地改變主意了吧！哈，其實那還不過是條件上的相互交換而已

── 我給他們說，你們要我唸博士，可以，不過，得先答應我個條件，那就是先設法替我把老婆給接過來，否則的話……。嘻嘻，就是憑這一招的！好啦，一切等我回來再說吧，後會有期。

兩個月後。文龍終於帶著老婆來了。

初見她時。直覺告訴我 ── 這女孩兒好福相啊！看她！渾身無一處不是豐盈圓潤的。尤其是那張酷似用圓規畫出來的滿月臉蛋，以及那對象負千斤重似的又大又長、顯得有點往下墜的耳，上有兩個大牛車輪懸著，擺個不住。此外，兩條裸露在短袖子外的臂也是滾圓滾圓的，一直延伸到手指的尖端盡處；而那十只圓圓胖胖的手指頭就像是十根剛冒出來的嫩筍般……。你說，像這樣的一個女孩，能吃得了多少苦呢？我真有點替她擔心。

最初，萍萍的確是過得很苦，很不習慣。原來當留學生的太太是不好受的，她總算嘗到一點苦頭啦！

每當大家見面時，她便這麼慨歎：唉，像你們現在啊可就好了，畢了業又找到了工作；哪像我們啊，每用一分錢都要仔細的想想看，唉，這種日子啊真不知要捱到那一年那一月呢！

偶而，我跟她到街上一起去買點什麼。萍萍總喜歡拉著我站在櫃窗外觀賞模特兒身上那一襲又一襲的華麗衣裝，口中嘖嘖稱羨不已：啊，你瞧，這些衣服多漂亮呀！就可惜身上沒有錢……。

記得有一回，時值秋末時分。她為了給文龍添件「夾克」，便要文龍也一道到街上去物色，可是文龍他呀從街頭挑到街尾，竟沒有一件合意的。結果是空手去又空手回。氣得萍萍

一路上回來儘嘟著嘴兒不說一句話。文龍只好一路小心的陪笑著：唉呀，這種天氣我一點兒也不覺得怎麼樣，有什麼好買的嘛！妳又何必哪！

當時我看萍萍哪，九成是為了瞧不過文龍那副十足的寒酸樣，寒到連套起碼的冬衣都買不起，因而覺得無限的委屈吧！可不是？跟這樣的人生活在一起，要跟到那一天才出頭呢！

後來，我們離開了英格蘭，回到此地來。T另外找了份工作，忙得不亦樂乎。於是去信跟友人連絡的重任便落到我身上來。我曾一連發出好幾封信去給文龍他們，可是都有如石沉大海，因此一氣之下，便也封筆不寫，就此與他們失去了聯繫！

直至有一天，在某處很偶然的遇著他那位教書的兄弟，問起來才知文龍他已晉升為「爸爸」級了！既已當了爸爸，想必已學有所成，就要「打道回府」了吧！我這般猜忖著。問他哥哥：那文龍他們打算什麼時候回到這裡啊？

什麼時候？他這阿兄的嘴角不屑的往兩旁翹了翹：誰知道？遙遙無期哩！說是今年，我看到明年哪，都還不肯定呢！像他這種人呀，就是太不自量力了！書才讀一半就想學人家討什麼老婆啦，你看，到現在，什麼「名堂」都還沒搞出來，孩子又跟著來了。咄！你知道嗎，學校的獎學金早已被吊消了，說是什麼三年限期已到，不再發了。這下可好啦，變成什麼都要靠自家，害得我們幾個兄弟每個月都要拼老命湊足一筆「救濟金」前去救濟哪！嘿！

我聽了深為文龍感到不值，覺得他這「博士」唸得好苦、好冤枉！

　　自那次碰著他兄弟，轉眼一年又過去啦！我們依然沒得著文龍他們要回來的的消息。

　　忽地有一天，Ｔ從外頭回來，沖著我面帶神祕的笑；嘿，你可知道今天誰打電話給我嗎？

　　還會有誰？大不了是你那幾個死黨！我連猜都懶得猜。

　　是文龍他們回來了，想不到吧！

　　是他們！我跳起來。真是想不到哩！

　　次日。馬上去將他們給接來家裡吃飯，算是洗塵。當然最主要的是想瞧瞧他，老婆跟孩子。然後大家痛痛快快的聊一聊……。都幾年沒見面了，真是！

　　文龍還是老樣子，有說有笑的。笑的時候嘴角兩旁那兩個酒窩兒陷得好深好深。看不出他有什麼不開心的，大概是已經是個「博士」了，總算混出頭了，所以特別開懷吧！

　　萍萍呢，也沒什麼變。（我指的是她的模樣兒，依然是一副福態。）我想她唯一使我覺得跟以往不同的地方該是——她好像變得成熟多了。不再是從前那個涉世未深，處處表現得像個小姑娘。猜想她這些年來定是吃了不少苦頭……。

　　果然，當我問起她別後的情況時，萍萍似是有著滿腹的辛酸史：唉，真是一言難盡啊！在你們走後不久，他的獎學金就被取消了。沒法子，我只好硬著頭皮出去找點事幹。開始是在一家洋人的小吃店做，那個洋老板啊，真是刻薄哦，每個禮拜給我的薪俸都跟他們自己的人不一樣，想是看我是黃皮膚的好欺負吧！我一氣之下便跑到華人區一家中國餐館去當侍應生，那老板是廣東人，好像是從香港來的，待我還不壞。當時我一句廣東話也不會說，好辛苦哦！我在這家餐館做了好久，直至有了這小瓜，還在做。那時節啊，挺著個

大肚子還是硬撐下去，沒有休息。直到臨產前，才辭去這份工作……。生下小瓜以後，我又到一家賣「Fish And Chips」的店去當收銀員，他則在家裡，一邊寫論文，一邊看孩子……。唉，那些日子真是不堪回首啊！萍萍有著無限感觸。

可不是麼，不過，妳現在總算熬出來了，所謂苦盡甘來啊！我笑著安撫她。

要真是這樣就好了，但願文龍他能早點找到工作……。

然而，也許是文龍運氣不佳，他一直都沒找到一份合意的工作。這一方面固然是他所學的太過於「鑽牛角尖」了，以致英雄無用武之地。而另一方面則是他本身對工作的要求太過高了 —— 說什麼底薪非要一個月千四百大元不可啦，而且那工作的性質又要是那種屬於什麼「學術」研究方面的啦。能繼續作「研究」是最好不過，成天躲在冷氣房裡舒舒服服的，不必去忍受外來的風吹雨打……。想想他這個「博士」得來可是不易呀，當然今後所找的工作也要能夠配合他目前這種身份才行。

我們本來想勸他拋棄這種「學而優則仕」的不切實際的觀念，無奈看他一臉堅決的表情，也就罷了。

那日，回鄉下的老家，順道去看看文龍他倆。不料文龍有事出去了。看見萍萍，一臉的愁苦，欲哭無淚地：唉，我說呀，文龍這人是最無用的了！成天躲在家裡，那裡都不敢去闖，也不喜歡見人，一點兒都不活躍，死板板的，你說像他這樣找工作還有希望嗎？真快急死我了！

妳說文龍他到現在還沒有被叫過去面試嗎？T 有點不信。

有是有啦，信都寫了整百封了，不過都沒有下文……哦，

對了，是好像有家船廠什麼的要他去面試，聽說底薪還要給他一千五、六一個月呢！可是文龍老嫌那工作太重了，而且危險性相當大，再加上本身又沒什麼興趣幹這一行，所以連考慮都不考慮就這麼放棄了。文龍還說了什麼一大堆「入錯行，嫁錯郎」的話啦，他說他絕對不要勉強自己去做自己不喜歡做的，我想想也是啦，說來說去，就好像只有做「研究」這行比較適合他……。

　　這時，文龍他老母顛著雙蓮足從裡間行了出來，說：說得是呀，我們阿龍怎麼能夠去做那種粗重的事呢，而且又危險到要死，說什麼我也不會讓他去的！再說呢，以他當今這種身份，不怕找不到工的，慢慢找總會找到的……。

　　從文龍家出來，一路上我儘在回味著這一句話：以文龍當今這種身份，不怕找不到工的……。還有，萍萍那茫茫然底眼神……

　　啊！文龍啊文龍！

1977 年 6 月 20 日刊登于
星洲日報《晨星》版

28　無根的雲

又是女的

　　我光著上半身，蹲在巷子口等阿母。

　　十二點過後的日頭光狠狠地潑灑在我背上；像被剛滾過的開水燙到那樣，但覺熱辣辣的，有些兒癢。我遂用烏黑的指甲繞到身後去狠狠地抓了幾把，一邊吐口唾沫在掌心上，用力搓揉幾下然後將它敷在癢處，這樣才稍見好些。我不禁抬頭對著天咒罵起來：「死日頭，要死啦！」而後又恨恨地吐口口水在腳旁的泥地上。

　　唉，阿母到底是怎麼搞得？到這個時候還不見回來！人家肚子都餓壞了！我摸摸那有點扁塌下去的肚子，使力的按住它，不讓它作響。而幾個妹妹在家又是哭又是鬧的，叫人好不心煩！

　　我本來想問阿母向她學怎麼燒飯的。然後每天上完學堂返來我便可先自燒好飯，免得空著肚子等阿母等得好難受！但是阿母卻說什麼我年紀還小啦（其實我今年都已八歲出頭啦，再過幾個月新年一到就滿九歲了。），而且身子又不夠高大（其實我已經高出我們家那個大爐灶足足一個頭都有啦！），萬一鍋子什麼的提不穩整個倒翻下來，那就慘了！不行，不行，那太危險了！阿母說什麼也不肯答應。所以到現在我只學會怎麼沖奶給還在水泥地上爬行的小妹喝，以及做些簡單的家事；諸如掃地、洗碗，還有替妹妹們洗澡、更

衣等等。

在學堂裡，阿狗仔他們幾個就常笑我是「查某仔」，要做一大堆女人們做的事。唉，誰叫我是老大呢？最慘的莫過於在我底下還有五個妹妹，她們一個個就像梯級那樣排著下去，比我還要小；她們又能做什麼呢？但是阿母她還是要再生，說是看看這回能不能「卜」個男的出來！嗳，我不懂，我真不懂；家裡已經有這麼多個小孩了，還不夠？還想再生！為什麼，這是為什麼？為什麼一定非要生弟弟不可，難道妹妹她們就不好麼？我不懂，我真不懂！

我於是又想起從前，那一段我曾經擁有過的最最幸福的日子！由於我是頭胎男孩，又是長孫，又是長曾孫的，遂被大家寵著，捧著，活象塊寶玉那樣。長到兩、三歲大了，身子胖嘟嘟的重的阿母幾乎都提不上來，還要太媽（曾祖母）成天兒揹著到處走，直把我給慣得什麼都不會做。到五歲大了，還要阿母跟太媽兩個整天捧著個飯碗跟在我屁股後邊跑。連洗個澡都要阿母強拖硬拉的才肯去洗。一直到六歲大了，穿衣時連粒鈕子都扣不好！瞧瞧人家二妹、三妹，現在多本事，又多懂事；穿衣，吃飯，洗澡什麼的都會自己來。唉，想起來真叫人羞愧呀！

二妹、三妹倆是雙胞胎，長得一模一樣，有時連我都搞不清到底誰是誰了。她們在我三歲那一年就來到了。雖然她們是女孩，可是由於是第二胎，又是雙胞胎，所以也一樣被大家珍惜著。只是，其被「愛護」的程度當然不及我啦。尤其是太媽，我老聽她這麼叨唸道：「唉呀，要是這對雙胞姊妹換成是男兒那就好了！可惜呀可惜！希望妳們這對「查某姑」（女娃兒）日後會帶來好運，替你們阿母多招幾個弟弟

來！」我當時還不甚明白太媽說這些話的意思，如今才知曉原來太媽她老人家是希望阿母能多生幾個男孩，至於女的嗎，只要來那麼一個半個的做做陪襯也就夠了。

所以當阿母她再度傳出喜訊時，太媽就緊張得不得了，日日心神不寧的，時常獨自站在廳堂上，滿臉虔誠的面對著那個安放在大伯公案上的「祖宗神牌」位，口中唸唸有詞，也不知在唸些什麼。大概是求神保佑阿母這次能生個男兒吧！我看著覺得好玩，便也學著她的樣，雙手合攏，然後嘴裡嘰嘰咕咕的跟著亂唸一遍，害得太媽又好氣又好笑，隨手抓起桌上的鴨毛扇作勢要打我。我則嘻嘻哈哈的一陣風也似的跑開了，真叫她無可奈何！

慢慢的，阿母的肚愈來愈大了。聽太媽說，阿母她就要生了！這時，她老人家常喜歡把我給招到一旁，然後塞顆糖在我手心，悄聲問道：「喂，阿貴仔啊，我來問你話，你說啊你阿母這回會生什麼？嗯？」我則一味笑著不肯答話，拿了糖就要跑。害得她又氣又急，死拉著我不放，一邊急急哄道：「嘿，貴仔乖，你好好告訴太媽，太媽再賞你一顆糖！」這話果然大大地生效了，我連忙順口胡扯道：「我說啊，阿母這回會生個女的！」也不知曉要順著太媽的心意 ──「她老人家是渴想要一個男曾孫」。只見太媽臉色陡然一變，用力推開我：「去，去，去！問你這個憨仔也無用，亂亂講！」從此我學乖啦！當她再以同樣的話問我時，我趕緊應道：「男的！我說定會生個男的！」太媽果然被我給逗得笑開了，還可以因此再多得到幾粒糖子吃呢！哈！

可是結果呢，從阿母肚子裡跑出來的依然是個女孩！太媽的心願又落空啦！我看她好失望好失望，以致當四妹出世

時，她連瞧都懶得去瞧一眼哪！可憐的四妹！

在四妹剛滿週歲不久，太媽就病逝了。

太媽一過世，家裡不知怎麼地就亂糟糟了起來。原來，當太媽在世時，家裡就不太安寧了 —— 太公跟阿公父子兩個本來就相處得很壞，經常罵架。只不過由於太媽在，而且她老人家動不動就鬧病痛；阿公這才稍為「收斂」些，不敢跟太公吵得太厲害。現在，太媽去了，阿公再無旁慮，便開始放膽地公然地與太公大鬧起來！有時，父子倆甚至還大打出手哩！真教人害怕又難過。

阿公對我們也不太好。阿爸跟他賣力出去做工，賺到的錢都是他給拿去綁在腰間綁得緊緊的，一分錢都不外漏；一個月才拿那麼區區幾塊錢說是給我們幾個小鬼買牛奶吃。還有哪，阿母她每天一大清早還得摸黑拿著燈火，騎腳車到幾里外的芭地去割膠。割回來的膠所賣的錢，也全歸阿公所有。所以說，到頭來，阿爸跟阿母都是白做啦，一分「私房錢」都沒存到！阿母因而在背後怨得不得了，常吵著阿爸要自己分出去外頭住。阿爸莫奈何只得將這意思向阿公說了。阿公當然不肯啦 —— 因為這樣一來就少了一個人手替他賣命了。而太公也不太贊成 —— 他老人家是很愛面子的，怕這樣子會被人家笑話，而且無法維持數代同堂共住的美譽！但阿母可不管那麼許多，跟阿爸連連吵了好幾次，又跟阿公兇兇的鬧過一回，最後，我們終於分出去住了。

搬出來以後，最初是向人家租一小間房住。這時，我們的處境可想而知。阿爸他只好四處奔波找看看有沒有什麼散工好做。有工作時才有錢拿，沒工做時就什麼都沒了！幸虧阿母她還照舊去割膠，這回是給別人割，這樣我們才勉強能

夠度日。至於阿公那頭，自然是沒指望他會接濟的啦！阿母已經徹徹底底的與他鬧翻了，自搬出來以後，就沒再踏進「大厝」（阿公那邊）一步。

　　現今，每天當阿爸阿母雙雙出門去討生活時，家裡就沒人照料了。我白天又要上學堂，妹妹們只有託給鄰居代看啦。這種「新生活」開始對我來說實在是很艱苦。以往，在我們還未遷出「大厝」時，我上下學堂都由阿母親自用腳車接送。可現在嗎，我每日除了要自理早餐，還要負責給妹妹們吃飽，之後設法安頓好她們（將她們交給隔壁的何嬸）。一切弄妥之後，我才揹了書包三步兩步的趕往學堂。跑得氣喘喘的，到那邊有時剛好遇上敲上課鐘，那還好；有時不幸稍晚到幾分鐘，便得被先生叫到講台前面去罰站，真是沒面子！不過，像這樣子的「生活」，對我來說不能不說是個很好的磨練——我已漸漸懂得怎麼自立了！做什麼事都能自動自發，不再樣樣事情都要仰賴著阿母。可憐！阿母她做得活像一條牛，年歲輕輕的（三十歲都還不到），額上、眼角早已爬滿了細細麻麻的紋路。人家像她這種年紀的才剛是一朵將要盛放的花朵哩，而阿母她，卻已開始慢慢地枯萎了！哦，可憐的阿母，是我們拖累了您哪！

　　在我們還在跟人家租房子住的這一段期間，阿母又為我們添了兩個小妹（又是雙胞胎，她們就是五妹跟六妹）。天哪，為什麼生來生去總是生出女的來呢？阿母為此痛心極了。想要將她們送給人去撫養嗎，可又是心難捨。不送人嗎，卻又擔心自家養不起！若是男孩的話那還無所謂，養那麼多女的有啥用？這是阿爸跟阿母的想法，真教人啼笑皆非。剛好我有一房叔叔結婚多年了，嬸嬸未曾替他養下一男半女；

記得太媽在世時，常常埋怨說那女人（嬸嬸）連個屁都放不出來哩！於是阿爸和阿母就私下商量著要將其中一個雙胞胎妹子送給他倆去養育。阿母說送給自己人總比送給外人來得好。誰知他們竟然不想要！唉，不想要也好，我正「求之不得」呢；我是多麼的希望阿爸阿母能留下妹子不送人。再說，好壞總是自家的親骨肉，他們怎會如此忍心的捨棄呢？我真不明白。還有呢，最叫人痛心的還是當太公他老人家知道了這件事以後，居然說出些風涼話來：「嘿，我說嗎，要送也得要是個男的那才有意思呀！」

　　當五妹、六妹才剛學會走路時，阿爸終於向政府討到一塊農耕地。本來是想拿來種植東西的，可後來想想老是跟人家租房子住終不是永久之計，而且我們家的成員也愈來愈多了。倒不如先來建立一個自己迫切需要著的巢吧！這般想著，阿爸於是便東借西湊的，好不容易一個簡陋的巢終歸草草的搭築成了，可卻因此而欠下了一大筆債……。

　　「阿貴仔，要死咯！日頭這般大，你還蹲在這兒玩泥沙！還不趕緊跟我回去看家，哼！看我等下子不剝你的皮才怪！」猛地，一陣叱喝聲震得我耳膜隆隆作響。我一驚，忙抬頭，阿母連人帶車早已停靠在我身畔。阿母正露出她那對無神且突出如金魚眼般的大銅鈴目珠，兇狠狠地盯住我。我心一涼，腳一軟，呆在那裡好一陣子，這才拔足往家的方向狂奔。

　　回到家。妹妹們的哭聲此起彼落，足以掀翻整個屋頂！阿母的謾罵聲在後間無力的迴盪著：「養到你這個死人仔，一點用處都沒有，下了學就到處去瘋，家也不顧了！唉！看我啊為什麼這般壞命嘔！」我躲在門後，任由阿母去罵；我知道此時此刻我最好不要再出現在她面前，免得她看到我又

要大大地生氣了。待她罵完以後，氣就會自然消了，這個我最清楚不過了。由門縫中望進去，只見阿母她挺著個笨重的大肚子在那兒來回不歇地奔走著，一下子忙著升火掏米煮飯，一下子又忙著沖奶餵那正在號啕大哭的小妹。而她身上那襲浸淫著汗濕、上頭且結滿一粒粒、成串成串的、又髒又黏又臭底「膠花」的工作衣尚未卸下；額頭上正淌著大大小小的汗珠兒，幾絡髮絲散亂地緊貼在額角以及面頰兩旁，那樣子真叫人不忍多瞧！哦，可憐的阿母！我內心感到一陣陣抽痛，恨不得自己一下子就長高長大起來，好替她分擔這一切啊！

阿母又快要生啦！

這回反而是我日日夜夜心神不寧地。我期望，我殷切的盼望著，但願阿母她這回能如願以償地生個小弟。然後，然後阿母就不再生了……。

可是，可是……。

這天，當阿爸他從醫院「探房」歸來時，整個兒就像是患了一場大病似的，剛一進門就歪歪斜斜的往臥椅上一靠，然後有氣無力地說：「唉，又是個女的！」

哦，天！這是不可能的！

1977 年 7 月 28 日刊登于
星洲日報《晨星》版

找工記

　　我怎麼也沒料到自己會跑來幹這一行的。

　　我來此地已經有兩、三個月了，找工。其實，我也不是真正要出來做事的，只是想藉著這個機會離開那紛紛攘攘的家，到外頭享受一下自由自在的生活；一面等待那×地大學錄取的消息。

　　最初，我滿懷信心，蠻以為自己是個高中畢業生，找工作應該不成問題；尤其是月入兩、三百，甚至三、四百大元的工作。哪裡知道，一連問了好幾家公司，人家一聽說我剛高中畢業，又是外面來的，一句話也不多說，就叫我回家等電話，有的則說當另行書面通知，要我耐心地等。哈，沒想到天底下也有我這種傻小子，真個就憨呆呆地跑回寓所「守株待兔」起來了。結果如何，可想而知啦！這可說是我的第一次找事做的經驗。後來我才曉得找工作的人滿街都是，而堂堂的大學畢業生有些也不過才有兩、三百塊錢一個月的收入呢！

　　經過無數次的「慘敗」之後，我這才想起替人家去補習這一途來。據說這兒補習風旺盛，一個月要賺它幾百塊似乎不難呢：這一來我又精神起來了。可惜我人地生疏，不好找，只有往補習介紹中心跑啦。哪知一問之下，人家現在也都要求那些師資素質高的（大學生做這一行的比比皆是）；像我

這樣子的，充其量也只能去教教一個月不過數十元的初小學生。的確，假如他們要我去教那些與我差不多程度的學生，我想我也不敢勝任的。為什麼呢？其一是我不想浪費太多的時間在書本上，僅為了準備教那幾個笨學生。其二是萬一不幸被學生給問倒了，那時不單有失為師尊嚴，而且隨時會被炒魷魚，想想那多划不來呀！還有哩，當我聽說一天要工作八個小時以上時（當然你不想做那麼多小時也是可以的，問題就在於收入方面就會像那縮過水的衣服那樣，教你不想再穿它。）；而且地點又不固定，一會兒東，一會兒西，除車馬費自掏腰包不說，當然吃飯也要自己啦，我看哪，到時不送掉這條寶貴的命才怪！除此，所掙來的血汗錢還要被「抽水」呢！呸，我才不幹！

想來想去，似乎再也沒什麼門路可走；可又不願意就此收拾包袱回老家，怕家裡人會笑話。我原跟他們說我是出來賺錢的，這下子一分錢也沒拿到，實在無顏面回去見江東父老！

我的幾個朋友都先後跑到船廠工作去了。（像這類的工作是很少有人要幹的，所以這裡常有勞工短缺的現象。）只剩下我，還在那兒「守株待兔」。看看身上所帶來的幾文錢也差不多要光了，急得很，可又十分的不願意就此委屈自己也隨便找家工廠進去。

某日，偶然在報端的一個小角落裡發現一則關於「某家木材廠欲聘員工」的小廣告。心想就去試試吧，管他什麼樣的工作，先解決了肚子的問題再打算。

想當日我去面試時，那主事人只輕描淡寫地瞄了一下我的「履歷表」，然後就 OK，叫我第二天就去上班。我半驚

半喜地問他：薪水如何計啊？

　　他奇怪地看了我一眼，才慢條斯理地說：哦，這個嗎，嗯，我們這裡是行日薪制的……。

　　日薪？我橫裡切過去問，很鄉巴佬地。

　　是的，日薪是一天八塊錢，一個禮拜發一次糧。

　　我頓時從雲霧裡掉了下來，一團高興立即化為烏有。什麼一天只有八塊錢，算算一個月也不過才兩百四十元，而我一個高中畢業生，唉，唉，算了吧！想當初出來找事時不是只求一個月有兩百塊賺就 OK 了嗎，嗳，真是人心不足蛇吞象啊！

　　我就這麼地進了木材廠。只做了半個多月，就已厭倦得不得了。每天對著那成堆成堆的泛著濃濃霉氣味的木料，人都快發霉啦！這工作說來雖不算吃力，但實在乏味透了。我想就是三年紀的小學生都會做，可不是？瞧瞧我週遭的人，他們一個個都只小學六年級畢業罷了。我看就連那個管理我們的工頭，程度也不會高到哪兒去。真是越想越覺委屈。幸虧廠裡頭的弟兄們都待我很好，而那頂頭上司人也不錯，沒有一些兒架子，時常跟大家有說有笑的，我胸頭上的鬱悶這才被沖淡不少！我不敢告訴這些弟兄們我是個高中畢業生；偶爾他們也會問起，我便說我只讀到初中一，比他們多一年罷了。嗤！

　　一個月未滿，我便跑去問我那些在船廠工作的朋友：你們這兒一天多少錢啊？

　　他們都說：十一塊，你呢？

　　嘿，跟你們差不多！我不想告訴他們我的還差他們三塊，那太沒面子了。我口是心非地：不過，我想換來你們這

兒，這樣大家一塊也比較熱鬧些……。

於是，我就直接進入燒焊部去了。

嘩，在這裡工作可就不像木材廠那般的輕鬆了！常常一天工作下來，整個人就像得了重病似的，回到寓所就直挺挺地倒在那裡，只差沒死了過去。一天十一塊實在不好做啊！此刻我又開始後悔自己實不該離開那家木材廠的。

有一天，休息時分，阿雄突來跑來問我：喂，你也是高中畢業生啊？

「咦？你怎麼知道的？」我詫異地望著他。

「還不是那個高個子亞龍嗎，他說你們是一伙兒的。」

「是又怎樣？」我有點不樂，心裡直怪那亞龍仔多事，什麼底細都要跟人家去說，十足是個老媽子。

「沒什麼啊！」阿雄怪笑道，「嘿！嘿！我只是覺得奇怪，為什麼你們高中畢業的會跑來幹這一行，那不是太可惜了嗎？你知道，我們這工作圈裡的人，都只是小學畢業罷了。因此我才覺得奇怪……。」

哼，這有什麼好奇怪的？我不高興地瞪了他一眼，悶悶的走開了。

兩個禮拜之後，我離開了這家船廠，沒有些許的後悔，心裡反覺輕快了許多；因為這種工作畢竟不適於我呀。

就這樣，我又「失業」啦。

還好，這一段蹺腳的日子並不久長，我終又找到了目前這份還算不錯的推銷工作——推銷一些外地進口的家庭廚房用具。

想起那天，我頭一遭去參加「推銷術訓練」時，那個「授業」者，也就是我現在的「上司」，就作了這麼一段開場白：

嘿，歡迎你們來加入我們的行列，告訴你們，做我們這一行的是大有前途哪！像我一開始也是跟你們現在一樣，從小的（學徒）幹起，不出幾個月就升級了，如今也當起人家的「上司」來了。所以我說只要你們肯幹，過沒多久也就跟我一樣了。哈哈！他乾笑兩聲，清清喉，又說：想當初，我初出道的時候，運氣實在好，才第一天就賣出六套「大副」的，嘻，你們猜看，我那天賺了多少？不待我們用腦筋去思考，他就已脫口而出：嘿，一千多塊哪，頭一天！他得意的笑起來，笑得我們個個目珠都大了！

　　所以我說啦，只要你們肯幹，是很有錢途的！他慢慢收斂起那張笑臉：好，現在我就來給你們講個大概；像我剛才所說的「大副」的，那是指一整套包括了約莫有二十多件大大小小的烹煮鍋具，那個假如你們賣出一套的話，就有兩百多塊「甘美申」可拿。此外，還有另外一種是「小副」的，那是一些碟皿餐具之類，一套大概是整十多二十件，那個假如賣出一套的話，也有五十多塊「甘美申」，哈，不錯吧，好好的幹喔！

　　後來我才弄清楚，原來「大副」的鍋具一套本錢只不過是數百元，而他們居然標價一千多塊；「小副」的本錢則還不到一百元，而他們居然要賣二、三百塊！我不禁搖搖頭，心想：這可真是騙人的勾當！可是我還是決定幹了，為了那誘人的花花綠綠的鈔票！而且當我想到我們要刮的對象是那些有錢而又愁無處使的人，也就更心安理得了。

　　過後，我還以試探的口吻問我的同伴：喂，阿 Y，你怎麼會想到要來做這個的？他也是剛剛離開學校不久，才服完兵役。

　　這個嗎，噯，輕鬆嘛，而且錢又來容易，啊哈！他聳聳肩，誇張地笑起來。我也被他笑得有些兒迷糊了；果真那些錢就如我們那個上司所說的那麼容易進來的麼？

　　在公司總部受了約莫有四、五天的訓練，那上司將他所有的「貼士」都交了給我們之後，又每人發了一個○○七手提箱，其內裝有一個兩件式鍋連蓋的閃著銀光的鍋具，另外還有兩件一大一小的盤碟作為樣本。我們每人也都擁有一部厚厚的「資料本」，以後就全靠它了！

　　第一天出馬，心情是愉快而又緊張。穿上一襲光鮮的衣服，再對鏡仔細的繫上一條臨時由朋友處借來的「吊頸帶」，我前照後照，倒還蠻像樣的嘛，渾身也就不由自主的輕飄起來了。真如阿Y所言：輕鬆嘛！

　　這一天，我和阿Y兩人運氣還不壞，我們居然賣成了一套「大副」的鍋具，一下子就有兩百多塊可賺，不由得心花怒放起來。不過，當我想到這筆錢是要與阿Y平分時，心裡又大大的不舒服了！可是這也是沒法子的事呀，阿Y他地頭熟，我必須借重於他。

　　然而，我們還是高興得太早了！打從第二天以後，一連好幾個星期，我們竟然連半套都賣不出去；兩個人也都講得唇乾舌焦，心力交疲。這下子再也輕鬆不來了！這還不打緊，最教人感到不稱心的是無端端地惹來一肚子的冤氣，實在令人無法消受！

　　就說那個晚上吧，我們去敲某戶人家的門。門開處，一條大漢雙手插腰，兩腳開叉，虎虎地：你們要來幹什麼的？再不走開的話，我立即去電召警……言罷即作勢要去打電話狀。我氣傻了。立在那兒紋風不動，準備看看他想把我們怎

麼樣。後來還是阿Y氣急敗壞的將我給拉走了。其後我把所有的氣都出在他身上；我直罵他是懦夫，是弱者，是驢生的！人生當我們是強盜，是刼匪，而他竟連吭一聲都不敢，簡直是默認了嘛！

又有一天，我自己一人，到一處看起來相當有氣派的人家底住宅去兜售。按了老半天的門鈴，才有人出來應門。但見女主人面烏烏的站在那那兒，我心涼了半截。接著男主人也被驚動似的跑了出來，也是面烏烏的，好像我虧欠了他倆什麼似的。他好像沒見著我，只顧問那女的：是做什麼來的？我連忙接下去道：先生，請你給我一點時間，讓我來給你們介紹一種……。

我們沒空！跟著「呼」一聲巨響，扔下我半張著口楞楞的站在那兒，好半響才回過神來。真他媽的，這下子我可火了，阿Y又不在，我任意的將擺在門外那一盆盆迎風招展的花枝兒，一株株的給連根拔起，而後又將它們一一的倒插回去。這樣心裡才覺舒暢多了。這才大踏步揚長離去。

一個月過去了。

總算有了點成績，上司臉上也有了笑意，我信心於是倍增。想起了頭一天他對我們說的：幹這一行是很有前（錢）途的哪！我愈發的下定決心要幹下去！

現在，我更信了阿Y的話：做這個輕鬆嘛，而且錢又來得容易。啊哈！

1978 年 8 月 30 日刊登于
星洲日報《晨星》版

阿　芳

　　我拿著掃把狠狠地敲打著地面。

　　一只吸血蚊打從我眼前掠過。我撲出一手去「捉」它，但沒捉著。我恨極了。心裡直幻想著它就是阿芳，而我一掌就能將之擊個粉碎！

　　阿芳走了！

　　她是在盛怒之下抖著那瘦骨如柴的身軀一拐一顫地走出我家大門的。

　　在她臨走之前，我把錢丟在桌面上，她一把抓起它，沒有一聲「謝謝」，直走到大門口處，方回過頭來拋給我惡狠狠的一句：我明日無來！明天是禮拜天。

　　妳走，走，走！永遠也免來啦！我極力忍住一腔的怒氣。本來，她是要做到這個月的三十一號，而今天才只廿九號，還差兩天哩。可是，我再也不願見到她了！

　　她走後。

　　我再也無法自制地整個人癱瘓在籐椅上，楞楞地想著半小時前所發生的事。

　　我從菜市場回來，阿芳已經來了。今天可來得真早啊，我在想。要是在平時，不過九點、十點是不到的。

　　我拿了小丫剛換下的尿布去給她洗。她一見著我，劈頭便是一句：阿嫂，我給你講，我做到這個月完就不要做了！

　　我呆了一下，心想：真巧哇，我剛想告訴她從下個月開始不再給她洗衣，單洗地抹窗就好。當下不覺脫口而出：好嘛，不要緊的。我還以為她是另有什麼難題，不想再幹了。誰知她接下去說：哼，你這個人啊，真太自私了！人家生病在「老君厝」（醫院），叫人去打電話來告訴你說不能來，你卻說什麼都不可以啦，叫我一定要去找個人來替。你想喔，我人在老君厝，病到差一點兒就去了，還會去跟你叫人喔？哼，真是沒良心！

　　我給她罵得一楞一楞的，站在那兒不知所措，好一會子才答辯說：喂，妳這個人是怎搞的，我實在是不知情啊！好吧，就算我有錯；其實，我以為妳那個叫阿胖的朋友是住在妳隔壁，因此我想妳大概可差人去跟她講一聲，要她來替妳一下。我也是一時情急才出此下策呀！你不知道，我那天衣服多得要命，而我囝仔又那麼吵……。

　　誰知她竟是那樣的不可理喻，把我的話當成耳邊風，兀自在罵她的：哼，妳自私，沒良心……，我從來還沒跟過像你這樣「貓」的人做過工！虧妳還是個讀書的人……。

　　住嘴！妳現在就給我滾！我終於像一頭受創的獅子，暴跳起來吼道。

　　哼，走就走，妳以為我稀罕給妳這種人做啊？她也毫不甘示弱地。不過，並沒有立刻就走，還是在那邊不停地謾罵著，直至把那一竿子衣服都晾完為止。

　　然後，她衝出來，拿了我丟在桌面上的錢，走了。

　　阿芳走了。

　　真沒想到，我和她竟會鬧成這樣僵的局面！

　　在早些時候，我常在報刊上××版位裡，閱讀到有關「控

訴」女傭底種種「罪行」的文章；她們不是「品德」方面不佳啦，就是往往做不到三天兩日便屁股一扭，「拜拜」了，令人哭笑不得。當時我還在這般想：大概這類事不至於發生在我身上吧！雖然阿芳的長相 —— 那張臉看起來的確是兇了一點兒！我遂想起每天早上，她來時，我給她開門，總自然地遞給她一抹微笑，那知她卻緊繃著臉，要笑不笑的，叫人覺得好難堪。然久而久之，我也習慣了她這個樣子。

　　阿芳在我這兒工作已經半年有多了，我不知道像這樣的算不算長久。我請她來當我底「助手」，那是在小丫還未出世的前一個月。從那時候開始直至今天現在半個小時以前，結算起來還差兩天就滿七個月又兩個星期。在這「漫長」的半年裡，唯有那一次，小丫滿月，我除了發給她那個月的薪水外，還另加了個大紅包。沒想到第二天她來勢洶洶地：喂，阿嫂，妳到底有無搞錯啊，為什麼這個月的錢無給夠？

　　什麼話？我不是每個月照給的麼？怎麼不夠？難道是我算錯了麼？追問之下，原來是「坐月子」的洗衣錢沒給夠，單包紅包還不算數哩！沒法子，只好忍痛再抽出一張補給她。她這才破涕為笑，還連聲道：真對唔住啊，向妳討錢，真不好意思。

　　新近，為了提高阿芳的「地位」，我還極其大方地將她由「女傭」提升為「助手」。我想阿芳若是知道了，心裡必然會很高興；只是我並沒將這個告訴她，而她底薪水也還是照舊。尤以這一、個月來，她的工作表現直走下坡，我沒削減她的已足以令她偷笑了。

　　其實，阿芳在我這兒做也僅限於每天短短的一、兩個鐘點罷了。所以，嚴格上說起來，她只是個「鐘點女傭」而已。

在別的區域我不知道，可是，在我們如今居住的這個工業區裡，像這一類的「鐘點女傭」可多著囉！她們百分百是來自那些所謂「低下層」的人家──那些一個月收入僅三幾百元（指丈夫的收入）的家庭，這時做妻子的不得不挺身出來兼一份差事，以補貼家用。

我請她來，不是幫我看顧小丫，也不是負責煮食，只是幫幫我洗衣，抹地抹窗等。而抹地抹窗也不是每天都抹；抹地是一星期兩回，抹窗則是一個月兩次。只有洗衣是每天洗。

在阿芳之前，本來已有一個瘦個子的中年婦人叫阿扁的替我做。可是她只做了兩個星期，便稱說她不能幫我洗「月內衣」，而且在「坐月」期間也不能進我的房為我收拾內務。原來她是拜神的，怕做了這些事後，不能拿香，不能拜神。真是天曉得！碰到這些善男信女輩，只有搖頭興嘆的份。

於是她便將阿芳介紹給我。阿芳說原本她也是有拜神的，不過，她可以叫她的男人代做，只要她不上香祭拜就行了。彼時剛好農曆年在望，人們都準備著在佳節裡燒香敬神，這也難怪沒人肯出來做這些唯恐沾污神的「骯髒事」了。真是莫奈其何！

想起那天阿扁帶她來見我時，我依然記得阿芳在「晉見」我時那副怯生生的模樣。聽說她還是頭一遭出來做「家庭工」的，我不禁上上下下仔細地對她打量了一番；見她那副瘦巴巴的樣相，好似營養不良，不知有力氣做否？阿扁見狀，忙教我儘管放心，說她介紹來的人絕對是行的。我這才暫且擱下那懷疑的目光，讓阿芳來接下阿扁的棒。

其後，阿扁還偷偷地關照我，要我趕在月底之前（即早幾日）先行發薪給阿芳，因為她的小孩兒就快開學了，等著

錢用。阿扁說那是阿芳要她給我講的，她自己不好意思開口。聽了阿扁這麼說，我不加思索便應允了，私底下猶覺阿芳這個人真堪憐！

　　阿芳來做沒多久。有一天，阿母坐在客廳裡看她抹地，便與她閒聊起來。阿母說：阿芳啊，妳今年到底有幾多歲啦？阿母這人也真是的，好問不問，偏問這個人家最忌諱的。

　　都近三十囉，老啦！

　　嘿，怪不得我一看到妳就覺得妳真少年哦！阿母那張嘴也實在厲害。呵，妳跟伊還是平歲哪！阿母指指正在裡間竊聽的我。

　　哦？是嗎？她的命好哦！我聽得出阿芳的話裡多少含有既羨且妒的味道。

　　阿母的人到底是很善於「交際」的，不久，便與阿芳混得很熟絡了。阿芳也屢次邀阿母去她家坐。阿母真的去了。回來之後，她便迫不及待的告訴我：「喔，阿芳伊的「厝」（家）啊，真是亂得要死喔，伊的細仔大便了，弄到滿地也無人管。而兩個大一點的，一個九歲，一個才五歲，儘在那兒跳上跳下的，唉，真是的！阿母搖搖頭，續道：不過，阿芳的厝啊，東西多到要死，把一間小小的厝堆到滿滿的！冰箱啦，電視啦，樣樣齊全，她也真會買東西。她帶我去看她的「後間」（廚房），哇！說到此地，阿母誇大地擺動著雙手：那些東西哪，才是多！一套又一套的盤啦、碗啦、碟啦、鍋啦，全都是新的，放到沒處去，把整個櫃子疊到滿滿的！唉！阿母又是搖頭，又是嘆氣。我不知她此刻是在讚阿芳有本事呢，還是在感慨於她底「奢侈」。聽說阿芳的男人還是做船底工的哪！我不可置信地跟著搖頭。

阿芳在我這兒做不到兩、三個月，便接連地又接下了好幾處人家的工作。因此，一個上午，她往往要跑三至四家，其「趕工」的情形，可想而知。起初。，她在我這兒做，工作情況還令人滿意，只是她手腳之敏捷，令人咋舌！後來，在接下別的幾家以後，做事的「成績」漸漸大不如前。洗衣只求有沾到水便是；洗地麼，則是將地弄濕便算了！儘管如此，我還是閉一隻眼，沒敢嫌她，只道是她工作多，忙不過來，算啦！

且說在頭先的幾個月裡，由於她工作沒那麼多，所以幾乎天天都來。可是後來，她漸漸地不是請病假，便是有事不能來，或者是要到外地去不來了。她請病假，大部份是她自己身體不適，有時則是她小孩的。據她那個同行的朋友阿胖說：阿芳最近身體很差，人也瘦下去了！這都是她趕太多處工的原故。我當時心想：唉，阿芳這又是何苦呢，賺夠補貼家用就好了，何必拼命？可是我隨又想到上回阿母去她那兒親自見到的一切情景，一時竟不知是否該同情她？

猶記不久前，有一天，一大早，她打電話來：喂，阿嫂嗎……。

一聽對方直呼我「阿嫂」，而且聲調又是那般的急促，我便知是她無疑了。她說話永遠是快三拍的，就跟她做事一樣。

嗯，有什麼事啊？我沉聲道。心裡頓時很不是味道 —— 一定又是有事不能來啦！而且，我極不喜歡她呼我做「阿嫂」。以往，那個阿扁都叫我「太太」的。就只有她什麼都不懂！以為我叫她「阿嫂」，她就可以同樣地這麼稱呼我。然而，我卻一直沒去矯正她。算了！

　　A，是這樣子的，早上我剛剛走出大門，走到樓梯口時，突然頭殼一陣暈，雙腿一軟，差點子跌落下去！我就趕緊跑回厝內，誰知又是吐又是「漏」（瀉）的，我驚極了！……我看我今天不能做啦……。她斷斷續續地訴說著。

　　那麼妳就趕緊去看醫生啦！我有點兒不耐。看完醫生再說，若有好點妳就來幫我洗洗衣，地今天不必洗，就擱著改天再洗好了！我特別通融她。若到時真不能來，妳再打個電話來好了。我一再提醒她。

　　我等到下午三點多鐘，確定她是不會再來的了，才一個人蹲在那兒又是搓又是洗的；對著那一大桶的髒臭，我一邊在心裡頭謾罵著。小丫在一旁哭得震天價響。我惱極了！

　　不想這一回，她竟又是得此症，而且嚴重到住院。我實在不相信，也無法相信。問阿胖，她也搖頭說不相信，還說她明明昨天才看到阿芳人還活跳跳的哪！所以我才會叫那人去給她說，既然她不能來，好歹也得去叫個人來替工。沒想到，我真沒想到她是真病成那樣……。

　　過後，阿胖偷偷地給我講：其實啊，阿芳的人也是夠可憐的啦！她是給她男人害的。本來，她用不著出來做工，單在家裡車水貨（車衣）就足夠了。可是，她男人不好，整天去賭馬，賭輸了錢，還欠下人家一大筆債……阿芳只好出來拼命做工去給他還債啦，唉！

1978 年 9 月 25 日刊登于
星洲日報《晨星》版

52　無根的雲

出　路

　　辦妥了入學註冊手續。

　　我提著沈重而呆滯的腳步,無精打采地走出這間座落在幽林叢中,富有藝術氣氛的古樸校舍 —— ××美專。

　　沿著那條幽僻的小徑,我走著,步伐是零亂的,因此刻我底心也是煩亂一片。

　　我終於選擇了阿爸希望我唸的科系。

　　本來,阿爸是要我去讀理工科的,無奈我數理方面實在太爛了,阿爸沒法子只好遷就我,讓我去唸那些我比較能勝任的科目。不過,他還是再三的強調:你想去讀你的什麼「美術」系是可以,不過你可要跟我挑那些比較實在的東西,日後畢業出來能立刻找到工作,有出路的!千萬別去學人家那些什麼邪門畫畫的,專門去搞一些不切實際的什麼「純美術」啦,哼,到頭來你不餓死在街頭,也會窮一輩子!說到此地,他突地冷笑一聲,目光轉向我,深深地注視著,良久。那樣子叫人不由得打從背脊裡升起一股寒意。

　　我無意地望向擺在客廳角落裡書櫃子上那一列約莫有十來個泛著金色矚目光輝底各式獎狀獎牌;它們是我幾年來在校際、州際的各類諸如書法、美術等比賽中所扛回來的輝煌成績。它們曾使我一度感到光采無比。在人前我以它為榮,在校裡我出盡了風頭。可是現在,這一切都將離我遠去,遠

去……。

　　正如阿爸所說的：它們又不能拿來充肚子，有個屁用！

　　哦，阿爸的心思實在叫人想不透啊！有一陣子，他還大大的誇獎過我哩，說我要得，有出息，不僅為校爭光，也使咱家的門楣添色不少……。有朋友來，他必引導他們參觀那一系列的榮耀。

　　然而，到了我高中最後一年，他卻一反往常，教我別老是成天沈迷在那畫畫上面，別的功課要多注意一些，尤其是那幾門「重要」的，「有用」的科目。此外，還聲色俱厲的訓了我一大頓，說什麼「畫餅」不能「充飢」啦，教我別太天真，凡事要往將來的好處著想。他說生活在這個社會上，一切都得講求現實，因此我們讀書也要講求實際，要選讀那些能夠掙錢的學科……，總之，他說了很多很多，我也記不得了，當時腦子裡是昏沉一片！只是，令我感到震驚的是阿爸居然會這麼說：如今這個世界哪，只有錢才是最真的，其他以外的一切全都是假的；沒有了錢，一切將不復存在……。真想不到，我實在想不到，獻身於神聖教育工作有十幾年歷史的阿爸今天居然會發出這種論調來？

　　唉，我想這或許是他當教書匠當了這半輩子，而薪俸至今仍是月入區區數百元，窮怕了！可不是麼，我們家除了他跟阿母，還有八大張口開著等飯吃哪！除了食，還有住、行，以及教育方面呢，這一切不都需要個「錢」字來維持麼？有個時候，我還打從心眼裡很低視過阿爸哩，認為他不該一雙腳同時踏兩只船；其中一只腳踩在那神聖的教育之船上，而另一只腳呢，卻沾滿了銅臭味！

　　原來阿爸見我們一個個都長成以後，不禁憂從中來，想

想那一個月少得可憐的幾百塊薪水，到底能有什麼作為呢？於是便開始動起生意腦筋來了 ── 不久終做成了「地皮生意」。阿爸的手運到底不錯，才做沒多久就已撈進了一大筆錢。這下生活不僅有了著落，而且頗為富裕起來了。阿爸於是趕緊利用這些錢去買了幾十畝地置在那兒做「老本」。從此，我們生活就無後顧之憂了。而今，瞧瞧阿爸，他出門所用的交通工具已由腳踏車轉為電單車，然後更進一步已為四個輪子的私家車代替了。而今，阿爸他已由一個窮酸的教書匠進化為一個頗有幾個錢的小地主啦！有時候我不禁要捫心自問：到底阿爸的如此這般打拼，是為了什麼，不是為了我們這八大張口；難道是真為了那幾個令人眼花撩亂的錢麼？

不過，我確實相信：錢這東西是隨時隨地能改變一個人的觀點的！

經不住阿爸的再三「忠告」，我終於「改邪歸正」，並遵照他的指示 ── 多用點心在那個「有用」的課業上。

其實，我自己本身亦很徬徨、矛盾；尤其是這些日子來，天天混在同學堆裡頭，所聞的以及所談的無不有關於畢業後的「出路」問題。那些家境略差的，跟那些成績欠理想的，都已紛紛下定主意準備一畢業就往長堤彼岸那個繁華世界跑。他們都說去那兒隨便做什麼總勝過窩居在這種窩囊的小地方「拜樹頭」（指割樹膠而言），沒一點兒出息。我真不知道他們所謂的「有出息」到底是指什麼……。至於那些成績稍為好一點的，家境又許可的，自然是準備當幸福的「大學生」無疑啦！像我，理科方面雖是爛了一點兒，然總的成績則還過得去。而家境嗎，以我們目前的情況來說，已不成什麼問題了。若要說有問題的話，那該是在選擇學科這方面

的了。這就是阿爸所日夜擔心的大問題，也是我感到矛盾、徬徨之處。

自從被阿爸灌輸了一大套「金錢的價值觀」以後，我已由那五彩繽紛底蝴蝶夢中回轉到這醜惡的毛蟲底現實來！從而認清了錢的重要性。我在想：或許阿爸是對的。我們到底不能脫離現實，而終日沉醉在那「烏托邦」的幻夢中。我們要生，我們要活，我們就得先填飽肚子；而後才有足夠的力氣去唱其他的高調調。可不是？這也難怪阿爸成天要為我們日後的「出路」問題擔憂了。到底他是不能養活我們一輩子的呀！唉，至今我方明白，什麼「興趣」啦，「志向所在」啦全都是空談，全都是不實在的⋯⋯

我有幾個同學的兄姐就是這樣，當初就是為了自己的「興趣」而去攻讀那些所謂「冷門」的學科，結果嘛！一出來就是直灌西北風，真是前車可鑑哪！還有的嗎，雖是選對了門，可是待他畢業出來，那個已經不再「熱門」，只有大嘆「生不逢時」了！所以有時想想，實在是無所適從，不知如何是好。早知如此，當初還是不進學校的好，免得到了當今這副田地，痛苦透頂！瞧瞧人家那些沒唸書的，生活還不是照樣過得很好，還不是照樣有出路！而我們這些識得幾個字的「知識份子」，卻成天患得患失，為了眼前的出路問題而大傷腦筋。

我就看過不少這樣的例子：好多人離開學校以後都轉行做生意去了。（其中有些固然是「英雄無用武之地」，這自不在話下。）像這些說穿了還不是為了想多賺幾個錢，使生活過得更好一點？我真不知道現在究竟還有多少人是真正「學以致用」？

　　我也曾經讀過這麼一篇小說，故事的發生地點是在那「高度文明」的美國，內容大致是描寫一群自×地去那兒留學的學生底種種際遇，反正我也記不太清楚了。不過，我始終沒忘記那個在得到博士學位以後卻在街邊擺起小攤子賣包子的大男生！

　　起初，我也跟大家一樣，覺得這個大男生夠古怪，腦筋多少有點問題；可是往後再想想，人家可是「大智惹愚」呢！然而，在我們這個社會裡，那是不被「允許」的！避開人們那種卑視、嘲笑的眼光不說，依我看哪，就沒有一個受過高等教育的人肯那樣的委屈自己去幹那種所謂「低三下四」的工作。而以我本身來說，我就沒那份勇氣！

　　既然要生為這個時代，做為這個社會裡的「知識份子」，潮流是不能不跟的。因此，我當然不能例外 —— 我必須要為自己找尋「出路」；雖則曾經有一度我沉迷在那「純美」的畫畫天地裡。

　　回到家裡。

　　甫一踏入門檻，阿爸便投我以詢問的目光，我不假思索便答：我已經報了人家所說的那一門讀出來一個月就有千多塊好賺的……。

　　阿爸的臉上隨即綻開了一朵許久以來都難得一見的笑靨，它頓時使我覺得陌生……。

1978 年 11 月 8 日刊登于
星洲日報《晨星》版

都市人

「喂，阿狗仔，你看這是什麼所在啊？」

車子在滾燙的柏油路上飛馳著，輪子與那被曬得正冒著焦煙底路面相接觸而發出嗞嗞的聲響。除此，再無第二種聲音。這樣子已經維持約有一刻鐘了。坐在車後座的老父大概不堪寂寞，企圖製造出一些聲音來打破這份死寂。

「不知道啦！」他答，聲調裡透露出十分的不耐，根本懶得去理會到底車窗外老父所指的是什麼。

車子依然向前奔馳著，車內又回復了原有的死寂。

他一手輕扶著車盤，另一隻手的拇指與食指卻緊挾著一小截快被吸光的煙屁股，放到唇邊再用力猛抽一口，看看快要燒到指頭了，這才十分不捨得的將它用力擲出窗外。要在平時，他是絕對不會這樣做的；因若是不幸被警察先生瞥見了，罰款示儆是逃不掉的！那太划不來了。接著，他將那些吞進去的煙霧慢慢地作太息狀又吐了出來，吐得滿車都是，令後座的老父跟老母倆忙不迭的以手去掩護著鼻和嘴，一邊猛力嗆個不停。看到他倆這副模樣，他心中陡然升起一陣莫名其妙的快意。但這種「快意」隨即為另一種「懊惱」所取代……。

他實在很後悔適才為了不願多付出幾元的車資，而終未將兩老送出「關」外。誰知道今天遇著什麼鬼節日呢，而且

竟是這般的湊巧，就在老父跟老母打算回鄉之日。唉！誰不知道這些缺德的德士司機，一碰上這種難得的機會，便來個漫天亂開價，喊出比平時要高出一倍以上的價錢！反正是「僧多粥少」嘛，還怕你不坐他的車？遇上這種時候，他們可就神氣囉，你愛坐就來，不坐就去你的，絕無商量的餘地。哼，他才不受這種窩囊氣呢，任由這些缺德鬼去斬菜頭！就這樣，他無可奈何的又將兩老給載走了，載回他那個窩去。

　　沒將兩老送走，他背上就好似馱負著兩個大而重的包袱，透不過一口氣來！

　　老父跟老母兩個已由鄉下出來好些天了。兩老一到，他那兒立刻就天下大亂。想想這還不都是他自個在自找麻煩的麼？他們本無意思要出來的，說什麼人老啦，沒興趣走動啦！而他則為了想要盡一份「孝心」；另一方面也是有意要做給他們老厝邊那個多嘴的跛腳財伯看的。每回他下鄉，返來之際，他老人家總愛當著他的面這麼大大聲的問老父老母：喔，你們阿狗仔這般快就返去石叻坡啦，怎地沒帶你兩老出去走走哇？其實我說你們哪，也該跟狗仔去享享福啦，還呆在這裡做什麼的！

　　他這才下定決心要兩老跟他一塊出來走走的，一邊也可借此機會讓他們看看這個他們一輩子也難得一見的花花世界。他還說反正是週末嘛，他有的是時間，可以陪他們到處走走看看。可現在嘛，就有得他瞧的啦！真個是在自找罪受。

　　他已經有幾個晚上沒好好睏覺了，自從老父老母來了之後。不知道為什麼，每逢有客人來家裡過夜，他總無法睡得安穩；這就像是一池原本就很平靜的水突遭一顆飛石擊中那樣，整個波心剎那間都被擾亂了。可是他萬萬沒想到這一回

的情形竟是這般的糟，簡直是糟透了。

　　首先，最叫他受不了的，是老父老母兩個都有夜間起來如廁的「惡習」。他不知道是否所有上了年紀的老人都有這種通病？嗚呼！單單一個晚上哪，照他細細的數過，隔室那道門的開開關關平均就有三至四次之多，還有廁所那道門咧，就不止囉！接著，還有像萬馬奔騰那樣的拉動抽水馬桶聲呢？由此，他聯想起一宗令他感到非常不快的事：老父老母初初到時，由於用不慣這種摩登式抽水馬桶，也不曉得怎麼去用它，以致於將整個廁所弄得臭氣沖天！後來，教會了他們，卻又令他頭疼不已。

　　由此，他忽然刻意的懷念起鄉下老家躲在他老父老母大眠牀底下那只又髒又醜的尿壺來……。它在白日裡一向都被窩藏在牀底下，有低垂的牀布遮蓋住，不怕給人撞見了難看，到了晚間就被拖出來置於一個陰暗的角落，這樣夜裡起來就方便多了。小時候和父母睏在一個房間，自己也常去用它。有時候夜裡起來迷迷糊糊，撒濺了一地都還不知道，待天光了，起牀來一看，不禁啼笑皆非。為此，還被老母責罰過不少回咧！及長，與父母分房睡，不知怎地，往後每一看到那東西擺在那裡，便覺異常地厭惡，更羞於再去動用它。因之，也就連帶地不喜歡父母去用它。他還記得每當他跨進他們的臥室，一只手便忍不住去掩鼻，那種經年累月所纍積下的阿摩尼亞，教人聞之三日不思茶飯！

　　其次，令他感到痛心的是廊上的，還有廁所裡的燈，一經亮著便一直亮至天明，也不知道耗掉了多少電？他在忍無可忍之下，幾乎是烏著包公臉告誡老父老母：喔！你們夜裡起來幾多次我可不管，不過，那些燈開了就要替我關掉！你

們知道當今這裡的水電費一個月要多少麼？像這樣子下去那還得了哇！

老父搔搔首，先是報以歉然一笑，繼而辯曰：咦？我明明記得有關嘛，怎麼會……。然後又自圓其說地：唉，人老啦，頭腦也不中用啦，沒有關還以為是有關哩……。真真是好一張厲害的嘴！他不悅地想。不過，老父末了還向他保證說今後當不會再有同樣的事情發生。當然，老母也向他作出了同樣的保證。他只有姑且原諒他們這一次。然而，到了那個晚上，當他不放心地爬起來查看時，果然發覺那些燈竟還亮著……。

就這樣，他爬起來的次數幾乎是與他們一樣頻繁，簡直是疲於奔命！他於是刻意地懷念起那一連串點煤油燈的日子來。往常在鄉下的家裡，他們晚上睡覺都亮著一小盞煤油燈的，以免夜裡起來要摸黑。那燈就一直點至天明。可是，現今此地怎可跟家裡比？想想那一小盞燈一個晚上才要燃多少煤油哪？跟這裡的電燈比起來，可就差得遠囉！老父他應知曉這個的，怎會這般糊塗？他總不成為了自個的方便，而故意不去熄那些燈吧？他憤恨地想。

再有，老父老母都有早睡早起的習慣。這是第二項教他難忍的「惡習」。早上牀在他來說還可以忍一忍，大不了那一場 Night Movie 忍痛割愛。可是早起牀，他就無法忍受了。想想外邊的天還黑著，兩老就摸索著起來了。爭相上廁所，爭想到洗手間去洗洗刷刷，也不管此刻是否還有人在睡覺，弄得到處都是聲響！尤其是老母那架破舊的老風箱，打一起來就拉鬧個沒完沒了，咳咳咳咳咳，咳咳咳咳咳……。叫她別那麼早起來（這樣或許會好一些），可她偏就是不聽，真

是老頑固一個！他氣惱地想。

哦！天！他已經有好些天沒好好睏覺了。

在老父跟老母還沒來之前，本來，他已計劃好要讓他倆盡興的。他要帶他們去吃一吃那最豪華的餐館，去逛一逛那美輪美奐的大百貨公司，還有……。可到後來，卻都一一的取消了所有的原定計劃，而改由家裡那架老電視陪同他們渡過終日。

他怎麼也忘不了那天，他帶他們到一家小食店去吃東西。老父他食至中途，竟然忘了身在何處，將一只腿弓起，索性半蹲在椅面上吃將起來，而且吃得噴然有聲！而老母她，尤其在喝著湯的當兒，更是唏哩呼嚕亂響個不已。還有呢，每一道菜，不管好壞，都一定是盤底見天，掃得光光淨淨的。老母就是這副德性；總愛將那些吃不完的剩菜殘汁，往這個碗裡送一把，往那個碗裡送一些，一邊送，一邊道：嘩，一人分一點，吃掉它，免得人家拿去倒掉可惜！完全是鄉下人的作風！惹得周遭那些衣冠楚楚的人士都紛紛翻轉過臉來瞧，個個面上都是一副不屑的神情，當時只恨地面上沒個洞好鑽進去！自此，再也無勇氣帶他們到那種地方去。當然更別提到那些 High Class 的場合去啦！

另外還有一件叫他感到極端難堪且不稱心的事呢：那天，當他好意坐下來陪兩老閒話家常時（為了免使二老枯坐無味），誰知老母竟拿這樣的話坑他：呵，想起你「細漢」（小時候）時，是最乖的了，真正是叫人痛惜！別看你人是那麼一丁點兒的，就懂得如何來關心阿母了！我呀，只要有點小病痛或那裡辛苦啦，你便跟前跟後的左一聲「阿母，妳怎麼了呵？」右一聲「阿母，妳怎麼了啊？」真叫人感動啊！

可是，當今哪，就無囉，管你去死啊還是活的，唉！還有你
阿爸哪，每逢有什麼好吃的，自己都捨不得吃，一定要留給
你。還說什麼「這是阿狗仔最愛吃的，就留給他吧！」而你
現在，有沒有這麼問過你阿爸：阿爸您老人家想吃什麼，就
給我說，我就去給您買來⋯⋯。

　　噯，回想這些天來所經歷的一切，真有如噩夢一場！

　　還好，老母今天一大早睏醒來時便對他說，他們想回轉
去了。留在此地也無做什麼，一把老骨頭越坐越發鬆散，難
過得緊。而他也樂得順水推舟：也好，反正過了今日，明朝
我也得上班去了，無暇再陪你們⋯⋯。我看下回什麼時候得
空，再回轉去接你們出來玩好了。他口是心非地。

　　車子依然向前奔馳著。車內依然是一片死寂。

　　忽地，老母出聲了：唉，說起來真是天意啊，要我們多
留在這兒一天，看看狗仔⋯⋯。聽得他心頭一陣緊縮。

　　但不知狗仔明兒一大早是否能載我們到站上去搭車？是
老父的聲音，低低沙沙的，又彷彿是在自語。喂，狗仔呀，
你說呢？忽然，老父提高了聲調。

　　喔，不載你們去，你們就懂得去啊？他沒好氣地：往後
就別再喚我做「狗仔」啦，都給你們說了幾十遍了！他將個
「遍」字音給咬得重重的，彷彿欲將這些日來所有的悶氣都
洩在那上頭似的，恨恨地：放著個正正當當的名字不好叫，
偏就愛叫那些不三不四的！哼！

　　他於是又想起那日，也就是他們一起到小食店吃東西的
那一天，老父在那裡東一句「狗仔」，西一句「狗仔呵」的，
害得他從頭到尾都把整個臉孔埋藏在碗裡，不敢抬起⋯⋯。
而旁座的幾個花花綠綠的女孩，都拿眼角過來瞟他，然後又

回轉頭去咭咭咭地各自笑開了。他恨，真恨！

　　咦——？老父故作驚異狀，將個「咦」尾音拉得老長：叫狗仔又有什麼不好？真不懂！都叫了二十幾年了，從囝仔時就叫起，叫到這當子……。老父不慌不忙地抗辯道。

　　不要再說了！他粗聲粗氣地制止老父：你就是真不懂！你知道麼，我的臉全都被你們給叫丟了！

　　這……這……。老父張口結舌地。這還是他底狗仔，他一向鍾愛底狗仔頭一遭對他發那麼大的脾氣哩！他真想不到。

　　過後，他自己也覺得頗為意外。然很快地就又釋然了。他想：設若當時自己不對老頭來個「大發雷霆」的話，他能知錯改過麼？

　　嗳呀！老母終於出來打圓場了：人家狗仔，A，A，不，是阿輝，嘿嘿，阿輝！我又叫錯了！老母小心地陪笑著：人家阿輝說得也是啊！我們老是這麼叫他，給外人聽到了總是不好，你老頭子也別太固執啦，就改改口吧！何況我們阿輝當今哪，可是住大地方，做大事的人了，名聲要緊啊！

　　嗯，還是老母較有頭腦，懂得替他設身處地。他滿意地打從望後鏡裡望著她直點頭。

　　唔……老父終於寡不敵眾，垂首黯然不語。那樣子就有如一只鬥敗的老公雞。

　　他於是輕快的吹起口哨。此刻，心裡頭的暢快，就好像是打了一場勝仗回來似的。

1978 年 12 月 6 日刊登于
星洲日報《晨星》版

出　走

中午過後。

我站在大門口處正跟那個收買舊報的熱切的討價還價著，希望他能給個公道。他說現在中文報一斤才只有五分錢。哈，五分錢！你以為那樣的價錢可以賣麼？簡直比用來揩屁股的大便紙還不如呢！我苦笑。

驀地，廳裡頭那架電話機不安份的鳴起來了。我燥極，便高聲的將不知正在裡間做些什麼的丫丫她爸爸喊出來接聽。（丫丫是我那才九個月出些的女娃兒。）

我仍然立於大門口處，一邊目不轉睛的盯著那個人手提著秤秤那一大疊看起來起碼有整十來斤重的舊報（生怕他會吃秤頭），一邊卻拿只耳朵去聽另一頭那正接著電話的。

哈囉，請問你找誰呀？

……。什麼？我聽不到，啊？

……。喂？你到底打什麼號碼 ── ？（接電話的有點不耐煩了。）

……。啊？×××號，對啊，但是我不知道你要找誰啊？

……。啊？阿……阿什麼？

……。啊？阿亮？無咧，這裡無這個人咧！

……。喂 ── ！你到底是誰 ── ？（接電話的有點光火了。）

　　……。啊？阿細！妳是阿細 —— 啊？（真出乎人意料之
外。）

　　……。阿細，妳現在到底在哪裡？（接電話的急切地。）

　　……。啊？在這裡！妳是說在 —— 新加坡？（不信地。）

　　……。哦！妳跟朋友一塊出來？來找工？那妳要不要先
來我這裡？……。啊？不懂來？那麼妳現在人在什麼地方？

　　……。啊？朋友那邊？那就請他帶妳來好了。喂 —— 我
等妳哦—！

　　於下電話。丫丫她爸爸長長地吁了一口氣，跟著兩道眉
也緊緊的拉在一處。

　　好一個不重不輕的電話！

　　想不到竟會是阿細！ —— 丫丫她小姑姑 —— 那個連自家
親弟兄的名字都叫不出的糊塗小妹！

　　喂，阿細說是出來找工，家裡到底知不知道？怎地沒聽
說呢？好像有點 —— 不妙哩！我擔心地追著他問。

　　唔—誰知道？他聳聳肩，一副無可奉告狀。

　　依我看哪——九成是偷跑出來的，要不然哪，怎不見家
裡來信提及？我開始胡亂地猜測著。阿細今年最多也不過是
十六、七歲，還算是個小孩。她要出來做工，家裡必會先來
信關照一下。再說阿爸也絕不會讓她就這麼一個人走出來
的；因為這畢竟還是她首次出遠門的呀！

　　阿細來了。

　　來的不只她一個，還有一個面目長得頗秀氣，有著一頭
不很烏但卻直且長的髮絲的瘦俏女孩跟她一塊來。兩人手上
也都各提著一個同樣款式的大型原子手提袋；袋子裡頭滿漲
的都是衣物。兩人也都各穿一襲短袖上衣與牛仔褲，而且腳

下拖的竟也都是同一個款式的日本式鞋拖。真絕！

門開了。兩個人跌跌撞撞的進來了，都把手提著的那只大原子包往地上一扔，各自喘了一口大氣。那樣子就像是急急匆匆逃難而來似的。真好笑。

另外還有一個大一點的男孩，蓄著一頭時下流行的那一種長髮型，跟在後邊。男的自稱是她倆的朋友，與她們一道乘車出來的。聽說在此地工作已有一段時日。他只在門外站了一會兒便走了。

沒來得及問清楚那男孩的底細，我心裡頭老是覺得不對勁。不過很快地就將它給拋開在一邊了，因為這時候丫丫她爸爸已經開始像大法官那樣，坐下來盤問自家的妹子了。

喂，說來聽聽看，妳是怎樣出來的？阿爸肯讓妳出來麼？家裡他們都知道嗎？

管他呢！阿細那兩片薄但寬的唇微微的往兩邊一挑，任性地，連正眼都懶得瞧她老哥一眼呢！這時她又彷彿有點兒激動，站起身，將頭用力左右一擺，那些散佈在前面的又長又亂底髮絲都被甩到後頭去了。

那妳是偷跑出來的囉？

阿母……知啦，還有阿大……，是她用腳踏車載我出來到街場去坐車的。（阿大是丫丫的二姑，比阿細大兩歲左右。）阿細終於很不情願，而又吞吞吐吐地供出了一部份的「實情」。誰知道呢？或許是她自個兒早就想好，編造出來的話也說不定。誰不曉得家裡一切都是阿爸在作主，就是阿母也要一切都聽他的。我在想：敢情阿母也是被蒙在鼓裡呢！要不，她豈敢那麼輕輕易易地就讓阿細出來，而未先經過阿爸的同意？

　　好，就算是阿母知道好了，那妳也該跟阿爸說聲才是啊！
她老哥不同意地。那妳打算什麼時候回家呢？

　　回家？誰說我要回去了？我們是要出來做工的呀！阿細
兩粒小眼珠子一瞪，很不高興地。

　　做工？哈，妳以為工是這麼容易找的，這麼容易做的麼？
哼，沒有吃過苦妳都不知道！我問妳，要是阿爸出來要妳跟
他一塊回去，妳怎辦？她哥終拿出「老爸」來嚇她，看她還
敢不敢那般強硬！

　　算了，我才不會跟他回去呢！阿細一臉堅決之情。假如
我有回轉之心，此番我也不會想要出來的了。真是不到黃河
心不死。看樣子這小妮子可真不好搞啊！我在擔心，不是擔
心她，而是擔心 —— 趕明兒丫丫她公公一出來，我們這裡會
變成「戰場」呢！以她老爸那種火爆性子，一場暴風雨是難
免的！我實在擔心。

　　聽阿細的口氣，我們愈發的確定她是瞞著家人私自逃出
來無疑的了。此刻，家裡的每一個人不曉得有多掛心呢！一
定是有如熱鍋上的螞蟻！尤其是阿母，她必是首當其衝，先
領受阿爸的一頓臭罵，說不定還會來番拳打腳踢呢！阿爸經
常無故亂打阿母，鄉裡那些左鄰右舍，誰不知道？然而阿細
此刻，她是否會想到，她的這一走，跟著連累了多少人，可
憐的阿母，還有阿大……。唉！

　　不管怎麼說，妳這樣做是不對的，知道嗎？經過好一陣
子的沉默，她老哥又再發言了。妳要曉得妳這樣一走，會叫
他們有多擔心哪！

　　啊，這有什麼好擔心的？我又不是三歲小孩，會走失！
阿細嘴一呶，不服氣地。

唉，真是不知天高地厚喔！她老哥歎了一口氣，忽然像是想起什麼似的：啊，對了，剛才跟妳們一塊來的那個男孩到底是誰呀，家住什麼地方？

他呀，喔，阿細輕描淡寫地：就住在我們屋後啦，我們認識他都有好久囉！這次他剛好有事回家，所以我們就順便跟他出來了。

就是這樣子的嗎？她老哥嘴角咧一咧，也不想再追問下去，不過卻擺出一副極為莊重的樣子續道：其實，我也不反對妳們這樣年紀去交朋友，只是有一點妳們必須知道，不論交的是男的或是女朋友，你們都得要帶眼識人，值得交才交，千萬不可濫交，這個妳聽懂了沒有？知道啦 ── ！阿細的嘴翹得老高，快可以掛油瓶了。

其實，我們都是在為她好。看看帶她們前來的那個男孩，不會是個「好」男孩，否則也不會「協助」她倆逃離家裡了！假如我的猜測不錯的話。

她老哥說罷，也不再理會她，逕自轉向另一旁坐著的那個文文靜靜的，一直都把頭壓得低低的女孩：那麼妳呢，妳家裡的人曉不曉得妳出來？

女孩搖搖頭，又點點頭，好像是不願意說，又好像是在生人面前羞於啟口。

還是阿細替她說了：伊老母知啦！

那麼說令老父也不知囉？

女孩依舊搖頭點頭。真叫人啼笑皆非。

伊老父不知啦，伊老父人瘋瘋的，整天到外面去喝酒，什麼都不管，跟他說也等於沒說！又是阿細嘴快，一口氣代她答了，彷彿她就是她的傳聲筒。

這丫頭！她老哥不樂的瞪她一眼，有點怪她多嘴。

那妳叫什麼名，家住哪裡，令老父是誰，總可以告訴我吧？丫丫她爸爸見女孩不願作答，便又轉變話題，希望能引她啟開金口。

女孩笑一笑，稍稍挪動身子，這回她總算抬起頭來了，不過卻拿一雙不大但卻水樣的眼去瞄阿細，彷彿是要她代她回答。真是個叫人猜不透心思的女孩啊！

唉呀，伊是阿秀啦，就住在咱家斜對面，那個×叔的孫啦，你不知道？阿細劈里啪啦地說了，看樣子還有點怪她老哥孤陋寡聞，什麼都不清楚呢！不過伊老父的名我就不知叫什麼咯！一說起別人家的事，阿細全副精神都來了，而且說得那麼起勁，一反原先那副倔強的，難以妥協的神態。

那麼妳們兩個是怎麼想到要出來找工的？到底是誰先有這個念頭？要不然怎麼會兩個一起出來？

家裡住不下不是出來咯！阿細理直氣壯的。是她先約我的。阿細指指那個叫阿秀的女孩。

還是她去約妳的啊？我不禁失聲叫道。是面前坐著的這個一直不發一言，一直都將頭埋在胸前的女孩麼？我不信，說什麼我都不會相信！我搖搖頭，懷疑的望著阿細。

是嘛—，不信妳問問她看！阿細一臉天真地，並用手指著阿秀。

我轉過頭去望阿秀，阿秀也正望向我。這時我才忽然驚覺她那雙不很大的眼，不但水汪汪，而且裡頭好似藏有許多什麼，叫人頓覺這女孩確實不簡單！拿阿細與她一比，你就會發覺阿細的心思要比她單純多了！哦，這個令人莫測高深的女孩啊！

我們與阿細的談話就此暫告一段落。

傍晚時分。

本想撥個長途電話回鄉下的家，告訴他們阿細在此一切平安。誰知那頭她四哥卻先打過來了。聽說阿細在我們這兒，乃放心不少。不過他告說阿爸就要出來帶她回去，要我們先別讓她出去做事。過沒多久。第二個電話又來了。這回是阿大託人打來的。除了說是阿爸要出來親自捉她回去外，並帶著警告的口氣說阿爸還準備毒打她一頓呢！我不由得暗暗替阿細捏一把冷汗。然反觀阿細本人，卻是滿不在乎的，看樣子她是準備「抗戰到底」呢！

第二天。

老爸果真率人來了；除了她四哥以及阿大外，還有阿秀的媽也來了。一伙人浩浩蕩蕩的，好像是專誠前來緝拿「逃犯」似的。阿母沒來。過後我聽阿秀媽說，昨兒阿爸還結結實實的將她打了好一頓哩！唉，阿細可真是害慘了她！

阿秀媽還說：昨兒一大早我騎了車到園裡去割膠，不想一回轉來就不見了阿秀……。

如是一來，事情真相乃告大白─她倆是私自離家出走的！

老爸當時又氣又急，差點兒就去報警尋人，其後聽說已在我們這兒，這才罷了。

阿細跟阿秀這兩個小妞都跑進房裡躲起來了！

丫丫她爸爸不在，我以戰戰兢兢的心情將老爸迎進屋內。然出乎意料之外─老爸這回並沒有像以往那樣，一遇著什麼不對便大發脾氣了。但見他一臉的凝重，甫一入屋便即刻遞給我一張紙條，上頭這麼寫道：

　　爸媽：您們好。我一時的離開，沒告訴您們，相信您們知道後，會很驚恐……。爸。您可能看了信後會很氣我的，請爸莫氣，我不會走失的……。我走時，心中有點對不起您們，不過我很久已想出外工作，見識見識下，請別把我當成跟什麼男友出走……。

　　女××上

　　看罷字條，我只有這般勸說老爸：阿細到底還是小孩子，不懂事，做錯事是難免的。離家出走固然是不對，但她既然已出來了，而且態度也很堅決，就讓她去見識見識一下也好。其實，出外工作也不是壞事，再說在此地，有我們四只眼睛看著，不會出什麼亂子的……。您若一定要將她帶回去的話，事情恐會弄得更糟呢！

　　說這些話時，我自己也沒有十分的把握老爸會就此接納我底「意見」，而讓阿細留下來。因為我深知他一路來都持著他那慣有的「自以為是」、「固執己見」的作風，很少或者根本就不可能再接受第二者提供的任何意見。由這個我忽又想起那一回，阿大特地由老家寄來了一封家書，要我們火速趕回去代她向老爸求情；因為老爸不知怎麼地忽然「心血來潮」，令她中途停學，沒有任何理由……。那時阿大初中二年級才剛上了一個學期。她本來對於唸書這檔子事，並不怎麼熱衷，故打從小學一年級開始，成績一路來都不怎麼好，可是自上了中學以後，興趣忽然來了，剛想發奮用功之際，沒想到老爸就這麼無情地下了一道「聖旨」……。

　　結果我們是回去了，而且也把嘴皮磨破了。然而，老爸卻把頭搖得像搏浪鼓般，聲調也異常地堅決：不要再多說了！這件事已經決定下來了。令父不是無錢給她去讀，而是唔想

愛再讓她讀！這個是不必要有任何理由的。你們愛給錢讓她去讀那是你們的事，反正我已經準備將她那些冊（書）統統拿去燒掉了！

　　至此，我們再也無能為力！

　　嗚乎，有父如此，幸乎？不幸乎？

　　此後，每當想起這一回事，我內心便覺得大大的不舒服。一面是自覺愧對阿大，使她就此失去了一個求上進的大好機會；一面卻是恨老爸的專橫與無情！我永遠也忘不了那一天，當我們以失敗的「遊說者」在她以及老爸，還有眾人的面前悻悻然落場時，她的那雙滿含著怨的眼所投來的一瞥，叫人心痛，也心碎！

　　此刻，我有著與當時類以的複雜心境——不知老爸這回是會贊同我呢抑或否定我？雖然我心裡十分的明白此番錯在阿細，但是我卻是衷心的希望老爸能就此改變他以往的那種作風，不再是用打或罵以屈服阿細，而是以「理」來開導她，使她心服口服！

　　我在一旁不安地等待著老爸的回話，但他卻自顧地低著頭，像是在沉思著什麼。良久，終於抬起頭來，以不勝蒼弱的聲音答曰：我看這也只有由她去了，不然還有什麼更好的法子呢？

　　啊，這就是老爸，跟以往不太一樣的老爸！

　　我不由得鬆了一口大氣。一場暴風雨總算避過去了！

　　回頭再說阿秀，可別看她人文文弱弱的，她娘可真拿她沒法子哩！據丫丫四叔說：阿秀在家的時候，可野著囉，成天到處亂跑，人可活躍得很哪！倒真看不出來哩！他還特別囑咐我，別讓阿細與她太接近，好像阿秀就是條毒蛇似的。

唉，這女孩，果真這麼厲害麼？而阿秀媽臨走時也要我代為留心她這不聽話的女兒……。哦，天！一個阿細已經令我頭昏轉向了，而今再加上個阿秀……我忽覺我底兩肩就快沉下去了！

確定老爸等已走出我家大門後，阿細跟阿秀這才由房裡探出頭來，真叫人哭笑不得。

我帶著一點責怪的口氣問阿細為何不出來見見老爸。那知這小妞卻道：我見他有什麼用，他反正也不會應允我留下來的，倒不如不見！好乾脆的口氣！這就是阿細──任性、倔強；與阿大的柔順、服從，迴然而異。我想：若要使這小妮子「心服口服」，是得要費好一番心思啊！

過後。阿細卻自動告訴我許多事，都是有關家裡的。她說：我本來是沒想到要出來做工的，但是妳知道啦，家裡實在太糟太亂了，叫人一刻也不想呆下去！阿爸這個人實在怪，成天就只會罵人、打人，不管好壞，只要他看不順眼，便有得罵的！而三哥的脾氣也不見得好，動不動就與阿爸頂撞，非要弄到兩個大打出手不可！還有四哥呢，哼，也不會好到哪裡去，四嫂管不得他，一天到晚工不去做，就只知往麻將間裡鑽，常常賭到三更半夜。阿爸罵是有罵他，但又有什麼用！家裡就數阿母最可憐的了，阿爸不管什麼事都往她頭上推，說她是敗家女人，時常無故打她……。你看像阿爸這樣子，還有救藥嗎？我才不喜歡再見到他呢！可憐阿母一天做到晚，做到整個人瘦巴巴，唉，我看了都難過……。你說像這樣子的一個家還像是個家嗎？我早就想出來囉！現在我總算出來啦！嗳！還有阿大、四嫂，她們稍後也打算出來哩！

　　真想不到，阿細會有這麼多話要告訴我，而這些正是我們久居在外所無法知道的。唉，真是家家有本難唸的經啊！我黯然。

　　想想阿細的「出走」，實在是怪不得她—她是有她內心的苦處啊！倒希望阿爸本身能由阿細「出走」這件事中多多少少吸取一點教訓，今後好好的檢討一下自己，以及想想該如何來重新整頓一下這個家的「氣氛」，使它完全的像個「家」！

　　我深切的期盼著。

　　阿秀依然拿她那雙水樣的眼看我，它令我感到迷惑……。

　　此刻，我又想起了阿爸臨走前在廳子裡說的那一句話，他是向著裡間說給阿細聽的：喔，如今翅膀長實長硬啦，會走會飛啦，家也可以不要囉！……

1979 年 1 月 17 日刊登于
星洲日報《晨星》版

榴槤王之死

　　我就這麼弓著身子坐著──在那橫倒在草地上，早已沒了呼吸的巨大且光潔的榴槤王軀幹上，靜默而哀傷地。樹的一端那些茂密的枝葉早已被砍除光了，只剩下這一段光溜溜的主幹，一動也不動地橫臥在那裡。阿母說找一天有空要將它給鋸成一小截一小截的，然後用斧頭劈開成片片，再拿到大日頭底下曬，曬乾了就可以拿來當柴燒了，好用得很哪！這樣子我們就省得花一筆錢去賣那一大牛車子的木柴了。阿母還說它可足足供燒上一個月哩！我聽了心頭上就像有把熊熊的火在燃燒著，灼痛不已。

　　榴槤王它死得好悽慘啊！死後非但沒得好好安息，還要被阿母拿來做柴燒！……唉，我沉重的嘆了一口氣，一面用手輕輕的去觸撫它那碩大的身軀，心裡頭有股說不出的傷痛。

　　我這樣子靜靜的坐在這裡，已經有好些天了。

　　是那天，我將永遠不會忘記那天，那個下著毛毛雨的清晨，那時我還在牀上貪眠不起。驀地，由廚房後邊傳來阿母一陣叫鬧：哎喲，你們大家快起來呀，我們園後那株榴槤王給人毒死啦，已經倒下來了！……哼！一定是那個黑心鬼，那個死人，我早就知是他……。阿母咬牙切齒的罵著。

　　聽說我那棵心愛的榴槤王倒下了，這一來我睡意全消，跟著一躍下牀，衝出房間，穿過廚房，擦過正在那裡比手劃

腳又叫又跳的阿母身旁，往園後直奔。

　　果然，我心愛的榴槤王直挺挺的臥在那裡，不再像往時那樣向我點首微笑了。

　　「噗通」一聲，我整個兒跌落在草地上，淚水跟著爭先恐後的湧出、湧出。

　　喔，榴槤王，你就這麼靜悄悄的去了嗎？─到底誰是殺害你的兇手？雖然我心知阿母口中的那個「黑心鬼」指的是誰，但我仍然不敢太過確定是他。反正這個仇是早晚必報的。榴槤王，你就安心的去吧！我咬咬下唇，對榴槤王輕輕的許下誓言。

　　淚眼模糊中，我忽然瞥見一籬之隔的那頭，歪嘴伯正從茅廁裡探出顆黑白的頭來，跟著露出整個身子；上半身只著件比我那兩顆大門牙還要黃的短背心，下身則是件洗得快變白的藍短內褲，寬寬鬆鬆的那種。他一手緊提著那隨時即可滑落下的寬大褲頭，似乎沒有想到要即刻去將它束緊並打結；而兩粒靈活的鼠眼就迫不及待的朝我坐著的這個方向掃射過來，卻冷不防與我的碰個正著，他錯愕了好一會兒，但很快地這頭機智的老狐狸就又裝成一副若無其事的樣子，掉過頭去，很悠閒自在地在欣賞著這麼一個下著牛毛般細雨、頗具詩意的早晨。

　　我惱極，但又不知如何是好，兩只手只會使勁的去拔我腳下那些堅韌的野草。拔呀拔的，十根指頭都被野草根給擦痛了，我這才驚覺老狐狸早已竄得老遠老遠。望著他那狡猾的背影，我狠狠地吐出一口唾沫，將它吐得老遠老遠，彷彿就吐在老狐狸背上，心裡這才好過了些。我暗自罵道：哼，老狐狸，別裝假了，咱們走著瞧！

　　就是打從那天開始的，每天一放了學回來，吃過飯，我便失魂落魄的，兩只腳不知不覺的就往這兒走來了。也不管阿母的大嗓門在背後叫罵著：夭壽仔，你又死去那邊幹嘛，找死啊？回頭看我不打斷你那兩條腿，哼！

　　也就是打從那天開始的，我每天都要在這裡坐上整個下午，低頭費神的想著要怎麼來替我心愛的榴槤王報仇這檔子大事。我想得很起勁，比想平時那些難解的算術題還來的起勁，然就是想不出一個結果來。想想我人是那麼小個子的，實在作不出什麼「驚天動地」的「大事」；雖然我心裡實在恨不得一刀就將那只老狐狸給剁得碎碎的！

　　也不知這麼坐著想了多久，一直都弓著的身子也有點痠痛了，我於是站起身，伸伸腰，又踢踢腿。忽然，我發覺不遠處籬笆洞那邊有只眼在偷偷的注視著我。我猛然叱喝一聲：是誰？有種的就快給我滾出來！這麼樣偷偷的盯著人家，真是小人一個！

　　那只眼於是又出現了，跟著嬰仔那矮矮小小的身軀從草叢裡鑽了出來。他把頭壓得低低的，嗄嚅地：是我，土仔……。

　　哼，是你？我意外地，跟著臉上堆起了一層霜：喔，你來這裡幹什麼？是你老頭叫你來監視我的嗎？哼，你們全都是小人！

　　沒……沒有……。他急得舌頭直打結，似乎想解說什麼，卻又說不上來。

　　我根本就不看他這一套，愈發的氣勢逼人，並且伸出個食指頭來往他那微塌的鼻樑上直戳過去：你走，趕緊給我走！要不，哼，當心我這樣一刀（我比了個執巴冷刀的手勢）劈了你！

　　嬰仔被我這突如其來的聲勢給儡住了，頓時面青唇白，一句話也沒敢多說，轉頭踉踉蹌蹌地走了。

　　望著他那抖索著逐漸遠去的短小身影，我突然抬頭縱聲大笑起來。那笑聲迴盪在週遭的矮木林裡，久久不散。過後，我自覺一顆心空蕩蕩，像是驟然間失去了什麼……。

　　嬰仔，嬰仔……我失神的跌坐在榴槤王身上。

　　我想我們之間是完蛋了！

　　自從榴槤王倒斃以後，我便沒再去找嬰仔了。我沒去找他，並不是因為心裡產生了某種仇恨，那純只是因為心情不好，不想見到他罷了。可是我萬萬沒想到他會在這個非常時刻出現在我底眼前，而且好像是暗中在窺探我的行徑似的，這不由得我不生氣了。見到他，我又想起那天老孤狸站在那裡「欣賞晨景」的那一副悠然神態來，這愈加激發起我底怒氣，而將之統統洩在嬰仔身上。

　　現在，當我冷靜的坐下來思索時，才赫然發覺自己適才做了十分對不起嬰仔的事，也許嬰仔根本就不知道他父親的所作所為，我幹嘛要將這個罪加在他身上呢？想起嬰仔一向來都對我好好的，我更加的心裡不安起來，很想去將他叫回來當面道歉一番。然而，當我一再想起那只老狐狸，我就沉不住氣了！儘管自己做了對不住嬰仔的事，但是我底腦筋很快地似又另有所悟 —— 嬰仔又何嘗不是奉老狐狸之命，暗中前來視察我底一舉一動？哼，可惡，真真是可惡！我下定決心不再理他。

　　我實在想不透為何人們老愛在那你爭我奪、恩恩怨怨、仇仇恨恨的圈圈裡打轉？而且無以自拔……。

　　那一年，外公看中了我們現今居住著的這塊厝地，便想

將它買下來給阿爸阿母去蓋房子（阿爸是個窮教員，窮到我們連住的地方都成問題。）。而這塊地嘛，也足足有兩依葛那麼大，足夠拿來蓋兩間那種獨立式的浮腳樓，除此，還有許多空地剩下呢。再說這地原本是塊果園，差的只是那些果樹，都未曾經過好好的處理與看管，讓它雜七雜八的東一株西一株胡亂生長著。其中有山竹、紅毛丹、魯菇（馬來語DUKU），還參雜著幾株榴槤（榴槤王就在其中，這也是我們後來才知道的。），以及一些不知名的野菓樹。外公想買它，可手頭上的錢又無法湊夠，不得已只好找當時的厝邊友好歪嘴伯去商量，邀他共同買下這塊地，然後各自劃下一邊去蓋自個兒的房子。那時歪嘴伯他們住的也是如同雞寮一般的簡陋木屋，能夠找到一處比較好的所在來興建一間比較像樣的屋子，也是他們夢寐以求的，所以當外公去找他幫這個忙時，便樂得一口答應下來了。

　　地購下之後，我們跟歪嘴伯便一朝東一朝西的先後各蓋了好大一間浮腳樓。歪嘴伯他們的，居然還有樓上以及樓下兩層呢。那時節，我們兩家之間那裡有像現在那樣多一道礙眼的走不過去的籬笆隔開呢！而我同嬰仔兩人，更是成天的泡在一塊，不是他來，便是我往。再不然就是相約好往後園去採野菓、捉鳥仔，或玩玻璃彈子什麼的。每當果子季節來臨，我們更是大部份時間都在園子裡碰頭，尤其是喜歡坐在那株榴槤王樹底下，看著它從開花到結果，開心的數著那上面到底有幾多粒榴槤，直到它們成熟掉落為止。這株榴槤王所結出的果實，果肉特厚，種子很小，味道香濃且微帶苦味，是不可多得的上好品種。這也就是我們呼它為「榴槤王」的來由。

　　卻說其他的果樹雖然也能結出比較甜美的果實來，但我

唯獨喜愛這棵榴槤王。然而我怎麼也沒料到它竟然成為大家相互爭奪的對象，而終遭不測……。

由於榴槤王生長的位置較偏向我家這一邊，雖然當時兩家人對於屋後那些果樹並無來個明顯的劃分，不過大家心目中都把那些長在靠向自家這邊或者就在自己屋後的果樹視為己有，而理所當然的把果實收歸己有，而對於這樣的沒有明文規定的「分配」方式，大家似乎也沒什麼異議，也都能和諧的共處下去。

可是對於這株榴槤王就不是這個樣子的了。打從第一次的收成，得知它為上好的品種，阿母在沾沾自喜之餘，還「慷慨」的送了幾粒過去好讓歪嘴伯他們也能分享一番。誰知歪嘴伯在吃出它的味道來以後，竟要求與我家共同分收這棵榴槤王。阿母自然不肯啦，說什麼它是長在我家這一邊的，沒有理由要別人來分享它。爭執於是就此而起。歪嘴伯沒有分得榴槤王，不免含恨在心，屢屢放出風聲說是遲早一天要將它給毒死。沒想到……

阿母確也是個多事的人（她和阿爸不同，阿爸生性不但懦弱，且怕事，是個典型的文弱書生，我真希望他倆能互相中和一下。），再加上歪嘴伯的壞心腸與小心眼兒，兩家人從此不得安寧，常為了一點芝麻兒小事而鬧翻了天！

就說歪嘴伯他家的雞吧，動不動的就老愛跑過來啄食我家那片長得青翠欲滴的菜園，趕都趕不去。而歪嘴伯他人就遠遠的斜倚在他家廚房的門口，悠哉的望著他們嘰嘰咕咕的任意將阿母辛辛苦苦栽植的菜地給搞得面目全非！

有幾回，我在忍無可忍之下將嬰仔給喚過來，要他親自將他家這些目中無人的雞給驅回去。這時嬰仔他媽便會在那

兒尖聲的鬼叫：嬰仔啊，你冊（書）不去讀，整天死去那頭
做什麼？還不趕緊跟我死回來！嬰仔只好又縮著身子跑回
去，一邊向我作出一副無奈的神情：我老母在罵啦，我不能
幫你趕了！我於是咬咬牙，彎下身去撿起一粒大石子，狠狠
的往那群放肆的雞擲去。歪嘴白瞥見了便大踏步趕了來，拿
他那兩粒尖銳的鼠眼朝我猛瞪，彷彿欲將我吞食，我既驚且
氣。恰好阿母適時在我背後出現，手執一根長竿子，不由分
說便往那群畜牲猛掃過去，一時嘰嘰呱呱之聲，此起彼落，
好不熱鬧！阿母邊打邊罵：要死囉，打死你這群無人教養的
餓鬼雞！歪嘴伯自知理虧，只好悻悻然離去。不過我知道他
是不會就此甘休的！所以我們只有隨時準備迎接他的下一招
「攻勢」。

　　後來，阿母實在忍受不下了，便自己買來鐵絲網將屬於
自家的這一邊團團的給圍了起來。誰知歪嘴伯這一下可跳得
老高，說什麼我們連他那頭的地都給吃過來了！阿母氣急，
便去把外公給找了來同他去評理。歪嘴伯非但不理會外公，
而且堅持那排籬笆一定要給拆下，然後請了政府的人來量
地，從園頭準準的直量到園尾，說什麼既然要分，就得分到
清清楚楚，一分一厘都馬虎不得。還說他歪嘴伯總不成這麼
窩囊，出了錢卻又眼睜睜的瞧著人家將他給吃了……。外公
當時氣得直罵他寡情寡義，不顧老朋友的的情面，兩個就這
麼的鬧翻了，從此由老友好一變而為仇家！結果嘛，說來好
笑，我家的籬笆終又得進數寸，老天到底有眼。

　　自從籬笆事件發生以來，阿母便全面的禁止我與嬰仔來
往。她說他們一家都是臭人！我想真正臭的人該是嬰仔他父
親，而非嬰仔；想想嬰仔同我之間，我們誰也沒做過一件對

不起誰的事，我們仍然是朋友，為什麼我就不能跟他在一起呢？不過我可沒敢說出來，否則的話，阿母又要大大地生氣了。同樣地，歪嘴伯也不許嬰仔再來找我。不過，我們仍然偷偷地瞞著大人們躲到林子裡去玩。

記得有一回我這麼問嬰仔：為什麼你跟你阿爸是那麼的不一樣呢，你的心腸就沒有你阿爸的壞！

嬰仔看看我，而後別轉頭去，默默地不說一句話。我這才發覺自己失言。還好嬰仔並沒有因此而不理我。唉，嬰仔實在是個好人，就可惜他父親不好。我深深的感嘆著。

忽地 ── 。

咯 ── ！（好響耳的一聲！）咯咯咯咯咯……是歪嘴伯他們那只老母雞，我認得出是她的聲音。

啾啾！啾啾啾……接著是一群小雞仔歡愉的回應，一定是它們的老母給它們找著什麼美食了。我想。

我站起身，順著那聲音尋覓過去，赫然發覺它們就在我家的菜園裡忘形地挖呀、抓呀、啄的……。

我怒極，握在手裡的一根木條就這麼的飛了出去。

咯 ── ！老母雞驚叫一聲。

啾啾，啾啾啾……小雞仔們跟著落荒而逃。

看著它們愴惶逃去的情景，我一時反倒不怒了。原來這時我已經想到一個可以替榴槤王報仇的方法了！而這將足以沉沉地打擊老狐狸。

哈哈哈哈哈……再一次我仰首縱聲狂笑。

我踩著醉酒的步伐邁向家門，這時日頭光已不再潑辣，它將我底身子拉得老長，彷彿我就是個巨人，可以一手將老狐狸高高的舉起，然後重重的將它摔落在地上，摔個粉碎！

忽然 ——

我底右耳被人重重的給扯了一下：嘿，你整個下午都死到那裡去了？嗯—？

我……我去後面那邊背書，明……明天要考試哪！

哼！阿母終於鬆開她那只巨掌：明天回來時不得跟我到處亂走！記住去給我向番仔叔借他那把長鋸子過來！

明……明天就要鋸那榴槤王了嗎？我怯怯地問。

嗯 —— 。阿母無動於衷地。

我的心又是一陣灼痛。

這個晚上，我特別提早上牀，我要籌劃明日「報仇」的事。明天榴槤王就要被「分屍」了！我得趕緊替它報了這個仇才是。

我終在極度的疲乏中睡了過去……

忽見嬰仔面呈死灰朝我走來，手裡提著一只正在那兒作垂死掙扎的雞仔，狀極悽慘。

我正想避開去，嬰仔的聲音卻冷冷地傳了過來：土仔！這是你幹的麼？

……。我一時無言。想起那天清晨在園裡頭與老狐狸「巧遇」的事，我極力的穩住自己的情緒，儘量裝得若無其事……。可是嬰仔卻頭也不回地走了。提著那只斷了氣的雞仔，搖呀晃的。

嬰仔！我聲嘶力竭的喊著，嬰仔似乎沒聽見我底呼喚，愈行愈遠……。

第二天。

在學堂裡找著嬰仔，我拉過他的手，輕輕的握著：嬰仔，我們仍然是好朋友，是嗎？

嬰仔先是怪異的望著我，繼而笑開了。

我想榴槤王若有知的話，也會為我倆的友誼祝福的！它必也不希望我為了它而去幹那種事的。

1979 年 3 月份刊登于
星洲日報《晨星》版

浪　子

　　卡擦、卡擦、卡擦、卡擦……

　　這一連串富於節奏感的聲音,乍聽起來似熟悉而又陌生。

　　八年前的一個淡淡的三月天,我第一次搭乘火車從我的家鄉 — ×鎮,老遠的長途跋涉,到這人生地不熟的大都會來。而八年後的今天,也是在這個時候,在這種撩人愁緒的淡淡的三月天,我又從這誘人的大都會,再一次鑽進這火柴盒的小框框裡頭,讓它把我這疲乏透了的身軀運回到我可愛的故鄉×鎮去。

　　卡擦卡擦卡擦卡擦……

　　窗外景色依舊 — 但「物是人非事事休」,記得以前我在唸書的時節,最愛拿那些詞句哀怨動人的東西來唸!想不到如今,它們居然也派上用場了。想到這,我不禁搖頭苦笑起來。

　　卡擦卡擦卡擦卡擦……

　　我索性閉上雙目……

　　八年前那個早上所發生的事,此刻就又都一古腦兒的湧現到我腦海裡來了……

　　「阿盛,阿盛!你起來,你趕緊給我起來!咳咳,咳咳咳……。」阿爸一邊叫,一邊咳,那聲音尖銳地劃破了這原本還是一片和諧、寧靜的山野的早晨。他顯然很生氣似的。

「哎呀，老頭子啊，這麼大清早的就在那邊叫呀嚷的，也不怕人家笑話！」是阿母那略帶不滿的聲音。

「笑話？有什麼好笑的！你該笑妳自己，管教出這麼一個「好」兒子！哼！」阿爸氣咻咻地。

「哦？我管教出來的兒子有什麼差錯了，也犯得著你老頭子這般不歡喜！」阿母火辣辣地頂過去。

「爸，媽，你們不要再吵了，有話慢慢說⋯⋯。」我急急的走上前去：「爸，你叫我有什麼事麼？」

「哼，好小子，你來得正好！」阿爸開始轉移目標：「我問你，你昨天晚上又跟那些不三不四的人上哪兒去瘋了？嗯？」

「爸，您不要講得那麼難聽好不好！」我不悅地，「什麼不三不四的，他們都是我的朋友⋯⋯」。

「哼！什麼朋友？我看哪豬狗朋友才是 ── ！」阿爸那張嘴毫不留情地。

「爸，您 ── 」我氣極，一時竟說不出話來。

「哈，我說得不對嗎 ── 」阿爸冷笑一聲：「昨晚阿才叔明明才在××餐室看到你們幾個在那裡大灌黑狗啤，這個難道你還不承認麼？」

「爸，您別聽阿才叔亂講。」我急急分辨道：「其實我有喝也只喝那麼一點，都是他們在喝，那是阿雄他跟人家打賭贏來的錢，我們於是就到那裡去慶祝⋯⋯。」

「好啊 ── ，總算是不打自招了吧！我雖是人在厝內，可是你們在外頭做些什麼我都清楚得很哩！」阿爸臉上掠過一抹得意，「我早就看出來這些人不會是什麼好東西，整天事情不去做，東溜西溜的，哼，我給你講，從今天起，我不

准你再跟他們一道，你給我好好記住！」阿爸聲色俱厲地。

　　「哼，我高興，你管不著！」也許是氣昏了頭，我口不擇言。

　　「啊？」阿爸怎麼也沒想到我竟敢如此頂回他，有點意外，亦有點吃驚，「好小子，你說什麼？令父才說你兩句，你就不高興，好！你高興，我管不著，你─現在就給我滾！滾出這個大門，永遠都別再回來！」阿爸一手插腰，一手指著大門兒，整個身子微微的抖著。

　　「哼，你以為我不敢，我現在就走給你看！這個家我早就不想呆了！」說罷，我轉身跑回房裡，隨便拿了幾件衣物，還有一些錢，然後又衝了出來。

　　「哥，你要去哪裡？」弟弟見狀，氣急敗壞的趨前來拖住我不放。

　　「阿盛……，你別走，有話好說啊─」阿母也趕上前來攔阻我。她急得眼眶紅紅的。

　　「阿茂！你們都給我走開，別管他，讓他去死好了！我看他到底能飛多遠！咳咳咳……」，阿爸一手緊按著那劇烈起伏的胸口，面色慘白。

　　我狠狠的甩開阿茂的手，也顧不得阿母那乞求的目光，就這麼的衝了出來，走了！

　　「阿─盛─！」

　　「阿─哥─！」

　　「這畜牲！讓他去死好了。我只當沒有他這個兒子！咳咳咳……」

　　我頭也不回的一口氣直跑到火車站。到了站上，頭腦這才稍稍的清醒了些。我這才覺察出事態的嚴重─我如今可是

有家歸不得的人了！今後欲往何處去？前途是一片茫茫……

　　然而，以我這般剛烈的性格，我並沒有絲毫的後悔。

　　我站在那裡想了很久，終於買了一張南下的火車票，冒冒然的就往這大都會跑來了，從而展開了我這以後八年來那不堪回首的流浪生涯……

　　最初，我是在建築工地當雜工。這種工作最容易找，不必經人介紹，一問即有。然而做不了多久，我就感到難耐；這工作太辛苦啦，簡直要我的命！正當我在猶豫不決要不要溜的當兒，一件事情發生了。我在工地新結識不久的阿文，他從那幾十呎高的架子上失足跌了下來 —— 我親眼見到的！那個晚上，我一整夜都沒睡好，老是從夢中驚醒過來，老是看到阿文浴著一頭一臉的血，朝我逼近，逼近，嘴裡不住的喊著：「救救我啊，救救我啊……」於是第二天，我一聲不響的便拿起包袱走了。

　　這之後，我不知又換了多少處的工作。我進過船廠，鋼鐵廠，當過碼頭苦力，也跟人家打過雜，當過學徒……。凡是所有屬於「低級勞工」的事我幾乎都試過了，而每個地方都是呆不到一年半載，甚至幾個月幾天的。我背著個破爛的包袱走遍了大都會的每個角落，對她，我由陌生而漸熟絡……

　　有一天（那是幾年前很遙遠的事了），日落時分，我正抄著一條小巷急急地走，準備去找露西的（她在一家酒吧間做事）。那時，我手上還挾著根抽了半截的香煙，也不知在想著什麼，低著頭只管走路，冷不防一頭撞上了迎面走來的一個人，那根煙被撞落了不說，還燒痛了我的手指頭！我站定了，正想找那人理論一番，狠狠的揍他一頓或什麼的。誰知一抬頭，兩個人同時都怔住了 ——

「咦？阿盛，怎地會是你！」對方搶先發話了。

他鄉遇故知，我有點激動，很想上前將他緊緊的給抱住，但隨後一想，自己如今落得這副田地；而他 —— 阿成，又是以往阿爸心目中所認定的一名大有為的好少年，每每都被當成我學習的典範。阿爸就常那麼說：「你呀，好學不學，你看看人家阿成，樣樣都好，你該學學他！」

「哦，是你呀，阿成！真沒想到，哈！」我乾笑一聲，然後遲緩的伸出一只手來塞進他那微溫的大手掌裡頭，被緊緊的給握住了。

我感到很不自在，又忙將手縮了回來。阿成似乎沒覺察出我底冷漠，仍興奮的擁著我說：「走，阿盛，我們到那邊店裡去坐坐聊聊，呵，好久不見了！」說著，也顧不得我的反應，便強拉著我往前面不遠靠近路口處的那間角頭茶室行去：「嗨，真沒想到會在這裡碰上你，哎！」

坐定之後，阿成要了一杯牛奶茶，我則要了一杯咖啡烏。我低著頭默默地攪動著我面前的那杯熱騰騰的咖啡，那蒸氣薰得我兩只眼都有點朦朦朧朧起來。

阿成見我一直都不發一言，憋不住便先開口了：「嗨，阿盛，說真的，這些年來你在外一切都好吧？你阿母自從以走後，一直都在四處託人尋找你的下落……哎！你阿爸，他……他老人家在你走後的第二年就過世了！可憐他……病了好久，一直都躺在牀上不能起來……。阿盛，說真的，不管誰對誰錯，你好歹都得回去走一趟，看看你媽……」

我低頭猛呷了一口咖啡，那味道好苦好澀，不像是我平時喝的。

「我出來時，你媽也曾囑咐過我…沒想到上天不負苦心

人，今天總算讓我在這裡遇上你了！嘿，阿盛，說了那麼多，我還忘了問你，到底你現在做些什麼，住在什麼地方？」

「我⋯⋯我⋯⋯就要轉換地方了⋯⋯」我吱吱唔唔地。「待我換好之後再告訴你行嗎？」

「也好！」阿成爽快地。「哪，這是我工作的地方，住就住在這附近。」他遞過來一張紙片，上面端端正正地寫著那地址。「有空一定要來找我哦！我一會兒還有點事，得先走一步。」說罷，即招呼伙計過來收茶錢。

「啊，這怎麼好意思呢？」我見他掏腰包給錢，一時倒真有點兒不好意思起來。

「嗨，阿盛，你這不是太見外了麼！」阿成站起身，拍拍我的肩，「說真的，今天能碰到你，才真是有幸呢！還有一」說到這兒，他目光忽然變得嚴肅但懇切，「我跟你說的，你可要回去好好的想一想，若你真個無空，就是寫幾個字先寄回去也是可以的⋯⋯」

我目送阿成那碩健的身影匆匆的消失在巷的那一端之後，這才從口袋裡頭抽出那一張紙片，看也不看，就順手將它扔進路旁的臭水溝裡。我重新從袋裡掏出一根廉價菸來燃著，放到嘴邊悠悠的吸了一大口，渾身大大小小的細胞都不由得暢快起來了。我這才踩著輕快的步伐走去找露西。

這時，我頭頂上的天空已然亮起了幾粒星星，它們正嘲弄似的向我擠弄著雙眼。

我跟露西相識都快有一年了，我們的結識並不是很偶然，就在她工作的那間酒吧裡。那個時候，我幾乎天天都到那兒去喝它兩杯。我們就這麼的泡上了。

這天晚上，我一直等到她放工，然後與她一塊回去。

　　歸途中，我忽然摟住她，說：「露西，讓我們結婚吧！」

　　「哈哈……結婚？哈 ── 」露西掙脫我，笑得花枝亂顫：「你今晚該不會是飲醉了吧？結婚─錢呢？我問你，你拿什麼跟我結婚？你養得了我嗎？哈 ── 」

　　「這 ── 」我一時語塞，耳根子猛發燙。

　　「算了吧！」露西反過來搭搭我底背，安慰我：「我的小波比呀！」她最愛叫我小波比的了。其實，她才不過大我兩歲或者多些，叫小波比也是她自作主意替我取的，她說這樣叫起來比較親密。開始我還覺得有點怪怪的，很彆扭，慢慢的習慣了；聽起來倒覺得頗順當，頗悅耳。噓！「我們這個樣子不是很好嗎？你喜歡我，我也喜歡你，只要彼此相愛，不就夠了嗎！結不結婚又有什麼差別？嘻……」說到這裡，她忽然吃吃的笑了起來。

　　「要不然 ── 就讓我們生活在一起吧！這樣彼此也有個照應。」我涎著臉繼續懇求她，「讓我搬去妳那兒住……」

　　「嗯 ── ，好是好，只不過……那我不是要變成養小白臉了麼？哈哈……」她又張開血盆般的大口嘻嘻哈哈大笑起來，那樣子好叫人覺得噁心。不知怎地，我忽又想起另一個人來：她，樣子不似眼前的她這般嬌媚艷麗，且渾身射散出種誘人的廉價香水味兒；她是一朵盛開在山谷中的小百合，幽幽的吐露著自然的芬芳，純樸中帶著股清新的氣息，教人忍不住想駐足多瞧一會……然而，她現在卻是那般的遙不可及！

　　「咦 ── 小波比，你怎麼不說話了，生氣了啊？」

　　「哦，沒……沒有啦，我那敢生妳的氣。」我趕忙裝出一副討好似的笑臉。

「哦！哈，我明白了，敢情又是在那想你的舊情人啦！哈哈……」又是笑，笑得花枝亂顫，笑得人心煩意亂。

「哎，妳別胡扯好不好！」我有點不太高興於被她看穿了我底心事。我猛力的搖了搖頭，想把那朵小百合從腦海中甩掉。

「那 ── 我們就這麼說定啦，你明天就搬過來吧！」露西倒是很爽直，說好就好。

我們終於同居了！

這似乎是我意料中的事。既然露西不喜歡「結婚」這回事，而我也不過是口頭上故意探探她的，想不到她居然上了我的圈套！哈。我想往後我們誰也不必對誰負責，能合則合，不能合則分，乾脆一點。反正我的目的也不過是在於尋求一處可以藉以棲身的地方，就像所有其他的女人在尋找一張飯票那樣。

自從搬往露西那兒以後，我的生活頓時變得寫意起來。平日裡，高興的話，我就出去找點事情做做（其實一個月裡頭也不知道有否幹那麼三、五天）；其餘的時間，我要不是呆在屋裡陪露西，就是蒙頭大睡。然後就是等露西不在的時候，我就像小野貓那樣跨出門兒四處兜蕩去了。而我自己所掙來的那一點錢也都盡流到馬場以及賭窟那些地方去了。

有時候我賭得一文不剩，甚至還借了債，這時我只有老著臉皮向露西索取。最初她除了埋怨我幾句外，還是給了我方便。後來，漸漸的她的臉越拉越長，給錢也就沒那般爽快了，還罵我是討債鬼，蛀米蟲。因此碰到她硬是不給的時候，我便施出偷、搶的本色，有時甚至出手打她。

逐漸的，露西不返來的次數，慢慢地增多了。我心裡開

始有所擔憂,亦有些兒恐懼;我是害怕這棵「搖錢樹」會隨時棄我而去,而我也不能隨便放掉她的。於是我就盤問她,她反叫我少管。我不甘心。有一天,我便走去那間酒吧瞧瞧(自從我們同居以後,我就不再到那兒去了)。果然,露西正和一個年齡約莫有三、四十歲的男人坐在一隅喁喁的交談著,狀極親熱。當我走進去時,他們並未察覺。這蕩婦!我咬牙切齒的罵著。直行到那男人跟前,不由分說,一把揪起他的衣領:「喂,他媽狗娘養的,是誰叫你來勾引我的女人?」

「你是誰⋯⋯」那個人一語未畢,我早已一拳搗在他胸口上。他哎唷一聲,本能地抓起桌面上的玻璃樽往我頭上直砸過來。我急閃開,玻璃樽沒擊著,反落到地面上⋯⋯我飛快彎身撿起一塊碎片,朝他兇猛的刺了過去⋯⋯露西在尖叫聲中搶過來檔在我和他之間:「波比,波比,不要 ── 」

「妳這個不要臉的臭女人,滾開!」我粗野的將她推倒在地上,又逕去追刺那男的,冷不防後腿被人給緊緊地攀住了。我怒極,回頭見是露西,我狠狠的在她手臂上劃了幾下⋯⋯當我正想抽開腿跑時,幾個便衣警員早已把我給團團圍住了⋯⋯我頹然的丟下手中的利器⋯⋯。

我終被控以蓄意傷人並破壞酒吧財物的罪名,而被判罰款為數不少。試問我哪裡來的錢呢?只有代之以品嚐一下鐵窗的滋味了。沒想到就這樣竟與它結了不解緣!後來,我又一次以與人合伙偷竊的罪名而再度瑯璫入獄。

至於新近這一次 ── 已是第三回了,也將是最後一次(我對自己重重的發過誓,從今以後不再作奸犯科,只差沒咬斷尾指頭而已。)。這一次,我既狼狽而又倒霉─我是在電梯內獨自幹案,企圖搶刼一印籍婦女懸掛在頸間的粗金條,還

有她手腕上那一圈圈的金鐲子。不料她竟撒起野來，結果害得我賠了夫人又折兵 —— 顏面被她用利爪給抓傷了不說，我終又被送去吃「烏豆飯」啦！哎！

昨天，是我服刑期滿的日子。

當我正坐在那兒默默地想著幾年前阿成對我說過的那一些話：「……不管誰對誰錯，你好歹都得回去走一趟，看看你媽……」

而今，我是一只倦鳥……

忽地，一名看守員遠遠的朝我叫道：「喂，有個人來看你……。他說是叫……叫什麼成的……」

哦，天，會不會是阿成？我心裡想著，嘴裡不覺脫口而出：「是叫阿成，對不對，一定是他！」

「我不知道……」看守員搖了搖頭：「你自己出去看看吧！」

我跟他一塊行了出去。

果然是阿成！

我一時羞愧得無地自容，低下頭去，不敢看他。

阿成走了過來，拉過我的一只手，輕輕的在手背上拍著，良久，道：「阿盛，一切都過去了，不要再去想它……」說到這裡，他忽然煞住了，抓了抓頭，想了一會，才又接下去：「嘿，我忽然想起了一句老話，想你必也很熟悉，那是什麼人非聖賢，誰能無過……還有什麼知錯能改，善哉……啊，不對，好像不是這樣……糟了，我忘了接下來的那一句是怎麼說了，哈！」他自我解嘲似的乾笑了一聲，滿面通紅。「阿成，請別笑話我，我的華文本來就沒你好……」。

想不到阿成居然對著我背起「聖賢書」來，再看他接不

下去的那副猴急樣，我不禁被逗笑了。心裡頭原有的那股不安與愧意也一下子被沖得煙消雲散。

「哦，對了，阿盛，你今後有什麼打算沒有？」阿成鄭重其事的看著我說。

「我……我想回去……看看阿母……可是……」說到這裡，我為難的頓住了。

「呵，這個你放心，只要你有心要回去，什麼都好辦！」阿成欣慰的望了我一眼：「你現在就先跟我回去，一切再說！」

阿成把我送到火車站。替我買好票根，然後又塞了幾張紙幣在我手上…我激動地握著他底手，淚水在眼眶裡打轉，我強忍著不讓它掉下。「阿成，真多虧你了……」最終我只能迸出這麼一句話。

……。

步出站外。

小鎮。三月。正落著一片細細的清明雨。

朦朦朧朧中，我彷彿看到阿母，阿茂，還有朵小百合在朝我猛揮著手……

我不由得加快腳步向前奔去。

1979 年 6 月 19 日刊登于
星洲日報《晨星》版

100　無根的雲

父與子

中午的日頭是個惡毒的潑婦。

我勉強找著了一處可以抵擋住這潑婦的威力的地方坐下後，便彎下身去急切的解開繫在舊布鞋上那條沾滿泥巴的帶子，兩只腳使勁的在鞋內扭動了幾下，而後左右各朝前用力一甩，兩只破鞋就這樣被我輕易的甩落在數呎外的泥地上。出了鞋的腳就像是出了籠的鳥，感到舒暢無比；但是當它們一不經意的踩踏在泥土上時，一股灼痛便直貫心田。我這才驚覺在我所置身的這一片土地，全都教這潑婦給熬出煙來了！

我無聊的向四周張望了一下；除了周遭那些環繞著我們這塊空蕩蕩的土地的樹林外，什麼都沒有。它們就像是四面密不透風的牆，將人給囚在這裡面，教人透不過一口氣來。

沒有一絲絲風。

此刻我彷彿可以聽到大地在作急促的喘息。這令我想起家裡的老黃來，每逢這個大熱天，它總是要死不死的蹲伏在屋前的石階上，張開嘴巴，把舌頭長長的伸出，也是這樣氣急的喘著。

數碼外。阿爸光著他那紅褐色油亮的背，彎著腰，正不停地將那一截截短小的樹薯莖往鋤好的地裡插。那動作又熟練又快捷。我很奇怪這個時候的這個大日頭竟未將阿爸給擊昏；我怔怔的望著那漸漸遠去的健壯背影，不可置信的搖了搖頭。

「阿貴啊 —— 你又坐在那兒發什麼呆啦，地不去做！」阿爸倏地回過身來，伸直脖子吼道。「把那壺茶水提來會不會？哼！」說罷，用手猛揮額上的汗水。

我一驚，連忙提了那壺早已涼透了的茶水跌跌撞撞的奔了過去，將它雙手遞給阿爸。阿爸一聲不響的接了過去，將口對準著壺嘴便咕嚕咕嚕的猛灌起來。我最初很看不慣他那樣「喝」法，認為那太不衛生了！而且極不雅觀。阿爸聽了很是不喜歡，直罵我是書呆子，成天只會講究什麼衛生不衛生的，只會裝斯文……。真是秀才遇到兵，有理說不清！結果我只有由他去啦，不但如此，而且久而久之，居然也學會了像他那樣「猛灌」，嘻！

阿爸灌夠了水，這才把壺子交給我。我一手接過，毫不猶豫的也對著壺嘴猛灌了幾下，而後將最後一口茶連帶茶渣一齊吐到地面上，發出了極輕微的「嗞」的一聲響，跟著還冒出薄薄的煙霧來。

阿爸又回頭去栽他的樹薯去了，他一邊栽，一邊問：「你那頭的地到底都鋤完了沒有？」

「還……沒……，」我囁嚅地，「爸，日頭這麼大，曬死人了！我們不如休息一會，等沒那麼曬時才來做……。」

「你說什麼 —— ？」阿爸猛地停止了栽樹薯的動作，翻過臉來，兩粒目珠瞪得有水牛眼那般大：「驚日頭曬？哼，我看你還是去生在富貴人家好了……」阿爸冷冷地，別開臉去繼續道：「我知你是太好命啦，唉，想當年我十幾歲來番……」

「爸，您等一等啊，我現在就回木寮去將那些飯菜弄熱了，就來叫您去吃 —— 」我急急的拋下了這麼一句，回頭就跑。我知道阿爸接下去又要說什麼了，那些話都快把我底耳

根給磨爛了，趕緊藉故走開。

　　當我將阿爸給喚回到木寮來時，已是午後二時許。這木寮是我們臨時搭建成的工餘休息所在。

　　在吃著飯的當兒，我又想起了昨晚阿生仔來找我：「阿貴，你到底跟你阿爸說了沒？……再不說就來不及了呀！」阿生仔滿臉的焦躁。我不禁抬起眼偷偷地瞄了正在那兒狼吞虎嚥的阿爸一下，然後壯著膽把憋在胸中已久的話吐出：「爸，我想…想跟您說……」可是話到喉頭，不知怎地，就又給生吞了下去。我只有在心裡直罵自己窩囊，無用！

　　「你到底是怎麼啦，男子漢大丈夫的，說話這般吞吞吐吐……」阿爸略帶不滿地。

　　「其實也沒什麼啦，」我趕緊調轉話題，「我只是覺得……我們這塊地不該再種樹膠了……」望著那一大片正在茁長中的膠苗，突然，我打從心底裡升起一股厭惡感，深深的。我討厭這種膠林生涯，恨不得早一日離開它，離得遠遠的！「我們的膠園已經夠多了，為何不種些別的什麼呢，或者作其他用途也可以……。」我企圖說服阿爸不再種植樹膠。

　　「哼！你懂什麼？」阿爸陡地放下碗筷，雙目虎視著我，「還是少跟我開口！我做什麼自有主意，不必你來管！你們年輕人哪，最多歪主意，而就從來是沒有一件事做得成的。我開始種樹膠時，你還沒出娘胎呢，種了這幾十年，一路來都穩穩當當的……」

　　我默默地扒著飯，任由阿爸去說個夠！阿爸的人就是這樣，固執得像一頭牛！哎，我也懶得再去理他，免得自討沒趣。我開始在心裡想著一些別的事……一下子我彷彿被阿生拉著上了那豪華的冷氣巴士，然後呼地一聲，直往那夢中的

繁華都市奔去……

　　阿爸已不知在什麼時候走開去。連睡會午覺都不必，害得我想睡都睡不成，哎，真是壞命啦！就像王昭君出塞那樣——人家昭君是手抱琵琶，而我則是肩扛了那鏽花花的笨重鋤頭，一路怨嘆著緊跟了去，不敢有絲毫怠留，否則的話，阿爸又要罵我好吃懶做了！

　　「阿貴哪，時間無多，你那些地要趕緊去跟我做完，要不一會子日頭落山了又什麼都做不到！」阿爸好像早已料到我會尾隨在他後面，頭也不回的自顧自說。

　　「唔……」我懶洋洋地。這種天氣，這個時候，嘿，最好是躺下來睡它一大覺！還鋤什麼地，真是的！

　　「哦，照我看哪，我們還可再種上一、兩季的樹薯或者其他什麼的……那個時節，這些膠樹苗少說也有這般高大了……。」阿爸說著，還用手在空中比劃了一陣，跟著又像記起什麼似的：「啊，對啦，你要是喜歡的話，我們還可以在那個角落裡種幾株木瓜啦，香蕉啦，還有你平時最愛吃的甘蔗……。」阿爸回過頭來，嘴角漾起一抹難得的笑意。「還有哪，明天記得去跟我摘些蕃薯藤來……。」

　　哼，我才沒那麼大的興頭呢！種了這些勞什子東西，賣又賣不到幾分錢（我們極少拿去售賣），自己吃又吃不了多少；而阿爸就最愛拿它來做「人情」，到處去分送給人。這還不打緊，最教人氣不過的還是我們的這些東西經常都教鄰近那些真正好吃懶做的「番賊」所光顧！為了這我常向阿爸大發牢騷，誰知他卻「大方」得很，說什麼我們東西那麼多，讓人家偷吃一點又有什麼關係。哎，真氣死人！

　　「想想我們此時此地哪，真是太享福啦！你看，土地這

麼大，要種什麼都可以。只要你肯勞動這雙手，就不怕會餓死！……可是我們時下許多年輕人啊，就是太懶，做什麼都是想輕鬆，能投機取巧最好，恨不得能少做一點……要不然哪，就是看不起我們這些芭地人！就像你二哥同三哥，都說什麼城裡的生活有多好啦，錢又容易賺啦，不必像我們這裡一天到晚都在扛鋤頭下地，拜樹頭餵蚊子……到頭來還掙不到幾個錢！其實呀，我看他們倆才是一天到晚儘在做白日夢！不信你看看他們好了，到如今還是兩手空空，只曉得一味穿好吃好，我看他們哪，賺的還不夠自己花呢！嘿，嘿！……」阿爸今天也不知是怎麼搞的，老說些教人聽了很不是味道的話，我的眉不由得深深地鎖上了……。

「呵，還是你大哥人較會想，人家他現在啊，除了我交給他的那幾依葛地外，自己還弄來了一些……你們該學學他！」一提到大哥，阿爸臉上的笑意更深了。

那還用說嗎，大哥跟您是出自一個模子 ── 你們倆都是名符其實的守地奴！我憤憤地想。光是會守著些地又有什麼用？人家阿生他阿哥啊，說的才是對，他說什麼啊，有一天啊，當仗打起來的時候，那時節啊你跑都跑無路喔！還會去記掛著那些地？

剛扒完最後一口飯，阿生仔就在屋外叫了。我慌忙丟下飯碗跑出去。

「喂，你到底給你老頭講了沒？」阿生仔迫不及待地。

「我……我……」我不敢看他。

「哎呀，你怎麼啦？」阿生仔急得直跺腳，「我們可是約好明天一大早搭××號走的哇！！怎麼你……。」

「我……我知道……，我是想……等今兒晚上才告訴

他……。」我艱澀地。

「好啦，好啦，」阿生仔有點不耐煩了：「我等你的消息就是啦，不過我要先跟你講，明天早上我是一定要走的！我已跟我阿哥說好了，他會在那兒等我的。」

「我知啦，我儘快就是……」我緊緊的握了握他的手，表示一定。阿生仔這才放心的走了。

然而，我始終沒勇氣跟阿爸去說……。

屋裡的人都睡下了。

我躺在那張大眠牀上翻來覆去的……。

一會子我想起個把月前，阿生他阿哥回來我們的村子時，可風光得很哪！他駕了輛不知是什名牌的新車子，新得發亮！經過我家門口時，還一路的「叭」過去，跟每一戶人家打招呼。其實我看他呀，想顯一顯威風才是真的。我那時呀，看到目都紅了，心裡酸溜溜的！哼，趕明兒瞧我的吧！我暗咬下唇。

還有呢—跟我舊時常在一塊玩的阿弟、阿狗、阿發他們，人家當今可是前後兩個人囉！今年過年時他們還來看過我，我差一點子就認不出他們來啦！哇，個個身上一身光鮮不說，而且還都蓄了一頭時下最流行的長長「秀」髮，腳下蹬著的則是那種三、四吋厚的高蹺……，真叫人羨煞啊！跟他們站在一起，我彷彿都矮了大半截！真沒意思。過後，等他們一走，我趕緊跑到穿衣鏡前站著，竟發覺鏡中人是那麼一副十足的土氣相，一時悲從中來……。由這我更想起自己的無用—成天只會跟在阿爸的屁股後邊跑，不是割膠，就是下地，除了這些，還是這些！這種生活，我不僅厭，而且簡直是過怕了！我知道阿爸他有意要將我訓練成一個會看守地的

人，將來才不愁無人繼他衣鉢……。噢，天！

天還灰濛濛的，阿爸就在外頭叫了：「阿貴啊，日頭曬屁股囉，好起來囉！」繼而由大聲轉小聲，在那兒嘮嘮叨叨的：「現在的後生仔哪，越來越好命囉！那像我們那時啊……。」

「嗯……爸，您還是先走吧，我頭有一點痛，想睏多一會，隨後就來……。」我撒謊道。摸摸頭，還真像有那麼一回事呢，敢情是昨夜沒睏好。

「真個？不會是裝假吧？」阿爸聲調裡充滿著懷疑，「哎，不是我愛說你啊，年輕人，要多勞動勞動才行……。你莫看我年紀雖是一大把了，可從來就沒像你這樣，動不動就喊頭痛！」

等到屋裡的人都走光了，我這才爬下牀來。

早點也顧不得吃了，我胡亂的翻出一張草紙，伏案疾書：

爸：我走了。

我去找二哥、三哥他們。不過，我發誓我不會像他們那樣教您失望的。我會好好的幹的。等有一天我發達了，必會駕輛大汽車來看您，就像阿生他阿哥那樣子風光……。

兒：阿貴留。

提著簡單的行裝，我推開門走出去，在屋外迎接我的是天邊那一抹妍紅且嫵媚的朝霞，然此刻我已不再眷戀於她，正如我不再記掛著阿爸和他的那一片土地……。

我要趕緊去找阿生，免得讓他給跑了。

1979 年 9 月 27 日刊登于
星洲日報《晨星》版

無根的雲

　　這家旅店的外表看起來還滿氣派的，堂而皇之。尤其是豎立在大門口處的那面大招牌，上面端寫著的「××冷氣大旅社」幾個斗大的方塊，更是龍飛鳳舞，看上去教人充滿信心。

　　林偉平便是在這樣的心境之下樂觀的走進這間旅社的。可是，誰知人一入了裡頭，方知全不是那麼一回事；一股撲鼻的霉味直衝得他眉頭跟鼻尖都一齊皺將上來，這還不打緊，可就連帶端坐在櫃面上那位小姐的那一張面孔也是霉氣十足的，彷彿是他得罪了她似的，不瞅不睬的。像這樣兒的三流客店，房間猶不及他遠在國外那個家的儲藏室大，一開口竟也得三、四十叨幣一個晚上！嘩！林偉平不由得倒抽了一大口冷氣。聽說像這樣兒的價錢，在這裡已算是頂便宜的了！由此可見這兒生活水平之一般，與十年前一比，實在相去太遠啦！林偉平這樣想著，一邊不免慨嘆起自家底壞運來──此番回來的很不是時候……要早幾年回來的話……他想，情況恐怕又不同了！辦起事來該不會是處處的這般不順心，處處的老是碰著釘子。可不是麼？當人家一聞說他在國外學的是什麼「航空工程」，專搞什麼「飛機設計」來著，畢了業之後，還在那兒當過幾年的高級工程師，幹得頗有聲色……。此番回國，純粹是為了厭倦在國外的流浪生涯，一

心想回到自己的出生地落根，並將所學一切貢獻出來。因此不論職位高低，只求有適當的工作跟合理的薪酬，則一切OK。誰知那些人在聽了他這番言論之後，即刻擺出一副客氣得非常的臉孔對他說：「很抱歉！敝公司規模實在太小了，請不起您這麼一位人才……，依我看哪，您還是到×處去問問看，或許他們會有更合適的工作……。」要不就是：「啊！說實在的，本公司是很願意聘用你……但我們覺得像你這麼一位專才，來到我們這裡，未免太大才小用了！……因此，我們建議你不妨先到別處去試試……。」嘿，多麼委婉動聽的拒人之詞啊！

此刻，林偉平他正一頭歪靠在那牀的一端那不大光浩的灰白牆面上，連鞋都懶得脫，就地燃起一根煙來大口大口的吸著，而額上那兩道眉卻是緊緊的糾結在一起。

吞吐了一室的煙和霧，迷迷濛濛的，他整個人都彷彿掉進這煙霧裡頭去了。週遭底一切，此時對他，好像是幻，不是真。他好似是在作著一場夢，一場壞夢……夢中投宿到這麼一家齷齪荒涼底小客棧來了。……這樣一直等到那根菸快將結束它底小生命，猛地灼痛他底指甲頭時，他這才痛醒來，這下子才驚覺自家是真地回來了，回到自己日思夜夢的出生地來了！然而，他怎麼也沒料到自己的出生地卻好像不太歡迎他似的，教他像個無韁頭的馬那樣的亂奔波了個把月，而一切仍舊是毫無頭緒……眼看著兩個月的「省親假」已過去了大半，他內心真是充滿了失望與絕望！

十年了，已整整十年了！想不到自己在外邊這麼一混，一下子竟也混過了這叫人驚心動魄的十年。十年，不能說它短呢，試問人生到底有多少個十年？想到這裡，他不禁對自

己苦笑了一下，一想起那天，哦，這已經是個把月前的事了。那日，慕茜帶著老大念祖跟老二念華，一齊開了車到飛機場去給他送行時，臨走前他先一把抱起老大，在他頰上親了親，正想說些什麼，不料念祖卻忽然發現新大陸似的叫了起來：「嘩──！爸爸！您看您的頭上有……有白頭髮哪！奇怪──？爸爸，你幫我看看，我是不是有？」說著，四歲的念祖便迫不及待的掙扎著想從偉平身上滑溜下來。偉平只得將他給放下了，然後摸著他的頭笑道：「傻孩子！你這麼小，怎麼有呢？爸爸老啦！」

　　說起這次返鄉之行，可還是出自他自家的一時衝動，一時的心血來潮。也不知為的是什麼，忽然間莫明其妙的，迫切的想回來看看，看看久已不見的家園以及年邁底雙親，還有……就是自幼就孕育著自己以迄成長，而後離開的這一片土地……。慕茜原本是不太贊同他拿那麼「長」的假回來探親的，一來是怕他現時服務的那家公司會因此而不再雇用他，二來嘛──乃是防著他會利用這長假在此另謀發展……那日後他們一家就得從那「高度文明」的國度裡遷回到這一切尚處於發展階段的「落後」地方，這將是她所無以忍受，也無法適應的。想當年，她在自個的家鄉認識林偉平，以至於默許給他時，還不是為了希望他能將她一把由那「落後」的困境中拉起，帶她遠走高飛，到她心目中那一切都標誌著「文明舒適」的西方世界去。而在那之前還有著一段令她難以忘懷的小小插曲哩！原來林偉平在她的家鄉受完大學教育後，並不想立即再出洋深造，他的理由很簡單──他不想再由家裡繼續供他出洋（雖則她知道他家裡有的是樹膠山，而她也不知打那兒聽說在南洋地方，凡擁有樹膠山的人情況大致都是

很不錯的！），他要回到自己的地方先做幾年事，等湊足了一筆錢再說。他也向她保證：他一定會帶她去她心目中所嚮往的那個國度去，叫她務必要相信她。她也只好由著他，半信半疑的跟著他回來了；一方面也是由於好奇，想一睹那聞名已久的「樹膠山」風貌，說不定比她想像中還要好呢！那曉得等她見了偉平家的「樹膠山」之後，一切正好與她所想的相反，而且似乎還要壞！真想不到林偉平的爸媽本身還得參與那又髒又臭的工作─除了管理園地，還得割膠，收集膠液，以及製作膠片等等。看得她直皺眉頭！假如就此在這裡長住下去的話，那─「後果」真是不堪想像了！她越想越是心寒。幸好林偉平能即時在離他家數百哩外的×市找到工作，這樣他們才得已即刻搬離那屬於「落後」的村鎮以及那髒臭底「樹膠山」。從此，她再也不敢去想那什麼「樹膠山」，那印象實在太惡劣了！她一心只盼林偉平能儘快的帶她離開此地……而林偉平的運氣似乎還不算壞，僅僅工作了一年有多，小倆口省省儉儉的，居然給湊足了一筆旅費；另外，還申請到了×地×大的一份助教獎學金，那還是她幫他寄信去申請的呢，居然給請到了。那陣子她真是開心極了。可不是嗎？馬上就要去過那所謂的西方「文明生活」了，怎不樂？

　　慕茜本身唸的是文科，出去的機會不大，因此也只有靠林偉平了。而今，機會終於來啦！卻說慕茜人一到了國外，隨即展開那半工半讀的生涯；一邊到商店裡頭去當個小小的收銀員，一邊到大學裡去重新選攻「圖書管理」課。據說在國外，這是一門出路頗不壞的學科。到底是上天不負苦心人，經過幾年的苦撐苦熬，總算讓她給熬出個頭來了！畢了業之後，很順利的又在當地的市立圖書館找到了一份很不錯的差

事；而林偉平也幾乎是與她同時的考獲了 PH.D.學位，在她之後不很費力的亦找到了目前的這份工作。這以後夫妻倆就是勤勤苦苦的努力賺錢、存錢，然後購車買屋子……直至去年初春，他們終於擁有了自己的房子。至此，一個所謂「完美的家」——包括了車子，房子，跟孩子，總算建立起來啦！這怎不叫人感到歡欣雀躍呢！尤其是慕茜，對於多年來辛辛苦苦努力掙來的成果，更是感到志得意滿，只是……林偉平他，不知怎地，卻愈來愈感到身處異地的孤單與寂寞！尤以每逢過年過節的時刻，這種感覺還要比平時更來得強烈些。然而，這也只不過是他一個人的感受罷了！

反觀慕茜，自從到了國外，彷彿自身已成了那邊的人似的，只知要過聖誕，不知有農曆年。每年到了十二月這個時候，便開始忙碌起來以備屆時大事慶祝一番，看她過得比那些洋人還有勁呢！至於過農曆年麼，她倒可以忘得一乾二淨，每要偉平來提醒。偉平這樣做不外是想重溫一下昔時在老家過年那種熱熱鬧鬧的情景，重拾些許少時在老家過年底種種歡樂的回憶，以彌補目前心境上所呈現的一片空虛與無依。不想慕茜卻老推說工作忙啦，而且又沒特別假期，況且白色聖誕也才剛熱熱烈烈的慶祝過，實在沒有必要再去過那什麼農曆年！偉平聽了她這番論調，只有搖頭興歎的份！唉，慕茜，慕茜！她可是一心一意的想當起「外國人」來啦！可是，偉平，他能嗎？……

在他底感覺裡，人在少時總喜歡離鄉離得遠遠的，以能過那種無拘無羈的流浪式生涯為豪，但等到得了一個年齡，那可怕的「思鄉病」便會在不知不覺間襲擊你，叫你無以抗拒……。這或許就好像一個年輕貌美的姑娘，到得她有朝一

日年華逐漸老去時，對於自己的「歸宿」不免感到惶然憾然。而他此時，正是這種不是「歸宿」，但約相等於「歸宿」的「歸屬感」在時時刻刻的侵擾著他。也就因為這樣，才致使他無時無刻的不在想著要找個機會回來看看……。只是慕茜，一聽說他要回來，便顯得悶悶不樂的，連續著與他冷戰了好幾個月……直至最近，方與她取得妥協，條件是只許回家探親，不許冒冒然沒經過她底同意便隨便找了個差事留下來；就是要找工作的話也得視情形而定，比如說要稱職與待遇能相等於他目前的這份工作啦，此外，生活一切更要跟得上目前他們這兒的生活水平，除此，一切免談！否則……否則的話，雙方便拉倒！嘩，好個厲害的婆娘！

　　他依稀記得有一回，他曾與她半玩笑半認真的說過：他實在有點厭倦當今在國外的這種「寄人籬下」的生活，做什麼都得看那些藍眼白皮的臉色，而人家也老當他們是第×等級的，真受不了！因是之故，他很想回去看看，能在家鄉找到一份合適自己的工作最好；要不然嘛，就幹脆拋棄那「高級知識份子」的包袱，回鄉下去替老父接管那一片「樹膠山」，做個純樸的鄉下人亦是不錯的。那知那慕茜一聽他提起什麼「回鄉下去……」的話，立即面色大變，彷彿遇著了什麼了不得的事那樣與他大吵大鬧起來，並聲言若他要下鄉去的話，那他自己一個人去好了，她與孩子們絕不會跟他去那種地方受苦受難的。真絕！而今他回來，她依然是怕他會真有此一著，居然事先與他約法三章哩！噯，慕茜！

　　現在，他終於回來啦！終於再度與這整整十年不見的出生地見面啦！還有他那早已白髮蒼蒼底雙親……。母親還嗔怪他說為啥不帶同媳婦跟孫子一塊回來讓他們看看。偉平只

能吱唔以對曰：慕茜工作放不下啦，孩子又不便跟他啦等等。再來，他還碰著昔日的一些友好同窗們。大家都對他目前的成就與身份感到欽羨不已，還問他準備回來呆多久，希望他別來去匆匆，大家好多些時間敘敘舊。他們都把他當「貴客」看待，一個個輪流的為他接風洗塵。他不禁為他們底熱誠感動得熱淚盈眶！嘩，好像都隔了幾個世紀不曾享受到如此燙人心肺底「人情味」了！但當他把自己此行回國的決定向大家宣佈時，他們一個個都張大了眼和口，好半天說不出一句話來。「哈！老林！你還是和當年一樣會說笑哩，你 —— 不會是飲多了酒吧？」他們還當他是開玩笑呢！有的則感嘆似的說：「老林，莫要傻啦，放著國外那麼大好機會 —— 這裡有好多人想出去都出不了呢！也只有我們這些沒法子的，才留下來……。」更有的竟然這麼說：「哎，老林！你又不是不知道，當今是什麼時局？有好些人都想盡辦法移居國外哩，特別是那些醫生、牙醫啦，以及一些比較有辦法的……。」接著還有好多人爭相問及他在那兒的工作情況以及移民那兒的情形……。這真是他做夢也想不到的！在這種情況之下，試想他又何能將他個人底種種感受向大家吐露呢？就是說出來，他們也不會明白的。所以他只能以微笑作答以謝謝他們的一番好意提醒。而當他以試探的口吻向他們問及有關在此地尋求一份工作的可能性跟機會多不多時，他們都異口同聲的反問他：「喂，老林哪，先問你好了，你現在是不是還記得本地的國語，要不然啊 —— 一切免談啦！現在啊，此地所有的政府機構以及一些大專學院等等都要會國語才行得通啊！」這倒是林偉平所未及料到的。要問他的「國語」麼，莫談啦，早在十幾年前他飄洋過海負笈他鄉時統統歸還給他

的國語老師啦！怪不得他這次歸來，跑了幾趟「政府部門」為了辦些瑣事，那些「公僕們」都對他愛理莫理的。有者甚至出言教訓他：「你該明白你現在是在什麼地方吧？該說的是什麼話，嗯 —— ？」「至於那些沒有特別明文規定的私立機構麼，依我看哪，他們也未必用得上像你這樣的人才，他們請不起呢！……要不然，你 —— 叫我們這些底下的，統統都去喝西北風啦！哈哈……。」最後一句，似是在開玩笑。然在林偉平聽來，卻是那般的不好消受。

果然，誠如大家所說 —— 他們不是有意在他頭上澆冷水，事實的確如此。他在心灰意冷之餘，不免想起從前他未出國時曾在那兒工作過一段時日的×市來，何不再上那兒去碰碰運氣呢？聽說那裡的工作環境不壞，而且機會比較多，待遇也不差……很多從國外回來的都紛紛的往那兒跑哩！於是，他又滿懷信心的來到這×市，然後就在這一家看來頗為「堂皇氣派」的旅社住下來……可誰知往後的「遭遇」卻是每況愈下；儘管所碰著的人對他都很客氣，然卻不曾給他帶來任何希望！本來嘛，凡事不能操之過急，尤其是找工作這回事，這個道理他不是不明白。不過，在這短短的期間內，他倒並不難看出自己所幹的這一行在此地確是「英雄無用武之地」。要他改行麼，別說慕茜不會同意了，就連他對自己本身都充滿了懷疑！可不是麼？這不單是關係著自己本身勢必要放棄眼前既已擁有的成就與安定；而且要投身到一個幾乎完全陌生的且充滿挑戰的環境……這，他連想都不敢再想下去了！哎，凡人，皆有其脆弱的一面！林偉平想到此地，真是不勝唏噓！

啊！還是「回去」吧，回到他辛辛苦苦建立起來的那個

「安樂窩」去吧！什麼都別再去想它，不去想它什麼「寄人籬下」，不去想它什麼……，這樣，日子不就能過得心安理得麼？嘿，慕茜在國外就老愛諷他故意將自己裝得與其他人不一樣，自鳴清高……。在家時要她做中式的菜，拒吃西餐；還有要孩子們在家都說中文，不說英文；教他們一些中式的禮節等等，說是這樣將來長大了才不會忘本，忘記自己的祖先，忘記自己的根是來自何處。真好笑！都打算不再回去的了，都打算再過些時候就申請這兒的「居留權」了，他還在那搞這些什麼新花樣！要孩子們這樣那樣的，難道要他們將來自己樹立一格，與外界永遠格格不入麼？真不懂得他是作何想法，滿腦子腐舊思想，完全不為自己的下一代底幸福著想……為了這個，慕茜對他不免滿懷怨恨！

　　啊！為何他不學學慕茜，學她的隨遇而安，學她的努力的去做個「外國人」，學她的……嗤！想到這個，他又搖頭苦笑了一陣，順手從桌面上抓起另一根菸來，然後伸手到褲袋裡頭去亂掏一陣，冷不防一張被摺疊得早已不成樣子的粉紅色信箋隨著打火機滑出口袋來了。不用說，那是慕茜捎來的。他已經不知看過出少遍了！每讀一回，心裡頭就亂一陣。現在，他忍不住又再次攤開它，蹙著眉再讀一遍：

　　平：自你離去至今，匆匆已有一個月了。這期間只收過你的一封信，往後就再也沒有了！真不知你在那兒到底怎麼了？我們母子都好想念你，尤其是念祖，這些日來更是動不動的就問：爸爸到底什麼時候才會回來？真叫人心煩……。噢，對了，平，前些日子碰見你的那位上司，他還向我問起你什麼時候回來呢！噢，平！希望你別在那「留連忘返」，而擔誤了這兒的工作……。千言萬語，不知從何說起，想來

想去最終也只有這麼一句話：盼你早日歸來，我們都在等著你！

慕茜×月×日

丟下信箋。他，心亂如麻。

去？留？僅短短兩個月的時間，他頭上的白髮彷彿又多增了幾根……。大概念祖再見到他時，要大嚷「爸爸的頭上下雪了」吧！

嘻——！

距離「假滿」還有三幾天光景吧，他，林偉平終又踏上來時的那架班機。他坐在靠窗的一個位子上，舉目便可望見窗外一片白茫茫的雲海。那白棉絮般的雲，不斷的在他底眼前飛飄過，他望著望著，忽然覺得自己就像那雲，飄迫不定，無個著落……

1980 年 5 月刊登于
星洲日報《世紀風》版

家　變

　　我無精打采的踩著自己的影子走在最前頭。阿美跟阿珠倆則遠遠地尾隨在後面。

　　我一邊走，一邊不住的在心裡頭盤算著：等會子如何將那張「滿江紅」的成績單交給阿母去。阿爸他是從來就很少理我們在學堂裡怎麼讀書這檔子事的。所以對他，我倒可儘管放心。

　　「阿干！阿干！你看 ── 阿珠啦，她打我 ──」忽地，後邊的阿美求救似的尖聲鬼叫起來。

　　「唉呀，你們兩個到底是怎麼啦，整天沒事做就知道吵架 ──！」我無端不耐地偏過頭去叱罵起來，儼然一家之主似的。家裡頭除了阿爸，就只有我這麼個「物以稀為貴」的男孩了。而且又是長子。我最討厭阿美她們左一聲，右一聲的喊我叫「阿干」了！她們都比我小，理當稱我一聲「阿哥」才是。我非常不悅地想。

　　「哼！有什麼了不起的 ──，你自己還不是 ── 整天在學堂裡找人打架，以為阿母她不知道 ──」阿美跟阿珠兩個目中顯然無我，居然對我反唇相譏起來。

　　我怒極。正想回轉身去將這兩個目中無人的傢伙教訓一頓，驀地，一陣人聲嘈雜，我瞥見我家附近一帶的小孩就像潮水般朝我們屋子的那個方向湧去，並且嘴裡都不住的相互

嚷嚷著：「喂，快，快去看熱鬧，阿干他們家有熱鬧好看哪！」

「什麼？阿干家？不妙呀——」這時，我再也顧不得生氣了，拋下阿美與阿珠，拔足尾隨人流而去。

怎麼搞的？我們的屋子一下子竟都教那四面八方湧來的人潮給淹沒了？！

我努力的揮動著雙手想撥開這股亂流，然卻因雙手抖動得厲害而顯得力不從心……

「喂，聽說阿烈仔要將那個查某給弄進厝內做小姨啦！」

「好像是啊，要不然阿烈嫂也不會同他吵得這般厲害了！唉——可憐阿烈嫂跟那九個孩子……」

人群中於是湧起一陣陣的太息……

「喂，聽說那個查某已經有了——，不過，好像是去洗掉了！」

「唉——！所以說呀，你平常時莫看阿烈仔這人乖乖順順的，好好先生一個——，其實啊，越是乖靜的人哪越是——嘻……」

人群中再度湧起一陣陣的竊笑……

我面上一陣熱烘烘的，彷彿被火烤燙著的那樣教人難受。阿爸呵阿爸，我真為您感到羞愧呵！我恨死您啦，您害得我們好慘哦！我在心裡悲呼著，痛咒著。

至於那個可惡的女人又會是誰呢？難道他們說的是蘭姨——？啊！不，不會的。怎會是她？蘭姨她才不會做出這種見不得人的事的。我猛力搖頭，否定了這個極端荒謬的想法。一面暗罵自己該死，隨便冤枉好人。

我模模糊糊記得蘭姨她有一回還這麼問我：「阿干，你喜不喜歡阿姨到你們家來住？」

「嗯 ── 喜歡。」我低下頭，羞怯的道出自己的意願。蘭姨她實在是個討人喜愛的好人，我怎會不喜歡呢？自從我們搬來這兒住下之後不久，就認識了隔壁的蘭姨。阿母跟她似乎很談得來，彼此相處就如同姐妹般。我想這大概就是所謂的「緣份」吧！蘭姨她經常動不動的就跑過來我家幫阿母的忙；除了幫忙料理家務，還幫著看顧一家大小。阿母天天都要出門去工作，替阿爸賺點錢補貼家用（阿爸他是在建築工場當散工的），回來還得料理我們兄妹九人底一切瑣瑣細細，實在也是夠累的。如今有了蘭姨來相助，自是最好不過，因此我們一家大小對她，除了感激之外，還是感激 ──。蘭姨她實在是天底下難得碰到的好人啊！我私底下常這般想。

「但是蘭姨，你不是要嫁人了嗎？」我抬首，突然冒出這麼一句，心底下還真有點難捨。

「什麼？你這是聽誰說的？」蘭姨有點吃驚地問。

「嘻 ── ！」我噗哧一聲笑了。

「本來我們村子裡的女孩子們都是這個樣子的嘛，就像你 ── 」我捉狹地望了她一眼，要笑不笑的，「這個時候，不是正好嫁人了嗎！」

「你 ── ！」蘭姨含嗔地瞪了我一眼，面色緋紅，「不許你再胡說！」那樣子真是可愛極了。

※　　※　　※　　※　　※　　※

我費力的在廳堂裡張望了一陣，就是看不到那第三者（那個女人）。

奇怪？蘭姨也不在那裡。平常時要在這個時節，阿爸跟阿母拌了嘴，或是家裡出了什麼事，蘭姨她準會及時趕到充

當和事佬。可是今天，家裡發生了這麼一大樁事，她唯獨不見了人影！我心裡不禁有點納罕。

屋子裡頭是一片凌亂，就像是剛進了賊子阿哥。有大部份的家當都零零亂亂地躺在地上呻吟不已。那樣子真是慘不忍睹！還有，那幀阿爸同阿母合拍的結婚彩色放大照片，本是掛在廳堂裡的，也不見了。我尋覓了好一陣，才發現它也伏臥在那一大堆「罹難者」當中，奄奄一息地。那鏡框上的玻璃，早已破碎成片片，就像是阿母底心。而那嵌在框框裡頭親密地依偎在阿爸身畔的阿母猶在笑，笑得有些兒淒淒切切。

阿母的雙目腫脹如核桃仁般，猶在那一抽一嗒的，邊切齒的罵道：「哼，你這老丟壽沒良心的，我今日就準備跟你拼了 ─ ！」

廳堂裡坐著幾個婦人，都是鄰近人家，在那兒半拉半勸著。還有，一向替人主持公道的阿蔥伯也在那兒。

阿爸獨坐一隅，面呈死灰，不言不動，看上去有如一具沒有思想活動底木偶。

「哇，平常時你們看他這個人哪，還以為他有多正經，誰知道啊他背地裡卻去勾搭那只狐狸精，真正是人不可貌相……」

「喂，我警告你 ─ 說話要客氣著點啊！」那沒有思想動態底木偶猛地咆哮一聲，此時，卻又像極了一頭被激怒至極底雄獅。

「喔 ─ ，我這樣子還不夠客氣嗎？任由你跟她去 ─ 」說到此地，阿母突然住嘴不說，稍停，又改口罵道：「哇，你們把我當死人哪，每天，七早八早的你就哄我，趕我去睡

覺，然後 ── 你們好做堆！……你不知道，我人是一天從早就摸到晚，累都快累死了，既然你是那麼的「假」好心要我早點去歇著，我還會不感激嗎？誰知道 ── 到頭來我真的是睏死了……。」阿母愈說聲音愈細，最後又逕自啼泣起來。「哦，阿蘭阿阿蘭，我真是看錯了你啊！」忽地，阿母嘴裡連喊數聲蘭姨的名字，我卻覺得胸口一陣發悶，兩眼一陣昏黑，險些兒就栽倒在地上。

※　　※　　※　　※　　※　　※

　　一連幾天，家裡也沒再鬧什麼。一切彷彿是過去了，顯得風平浪靜。只是，我心裡面總覺得有點不太對勁，彷彿暴風雨即將到來似的。

　　心裡頭悶得發慌，很想去找蘭姨當面質問看。一直到現在，我卻不肯輕易的相信「那個女人」就是她！我真希望他們所說的是另有其人，一個與蘭姨有著相同名字的女人。然後，我可以全心全意的去憎恨她、唾罵她。但，那可能嗎？

　　我心裡真是矛盾極了。

　　阿母雖是不再公開的與阿爸爭吵，這或許是那日阿葱伯的話勸服了她。阿葱伯說：「阿烈嫂啊，我在這兒想給你說幾句話，你愛聽也罷，不愛聽也罷，不過，對你沒壞處就是。當今這件事就是這麼地解決了 ── 那即是你們這邊阿烈仔他既已拿錢叫那個女孩子去把事情給弄妥了，而且也有賠償對方一點，而雙方為了顏面，不把事情張揚出去，以後阿烈仔也不再跟那女的往來，所以嗎，我勸你不要再同他吵下去了！」

　　「對他，你現在只有好話相勸，好臉相對，這樣子才能

使他回心轉意啊……」但背地裡卻暗中調查阿爸底一切行踪；自己偷偷跟著還不算，還請了阿舅來幫忙。

一日，我從學堂返來。一腳還未跨進門檻，便聽得阿爸在裡間罵道：「啊，你這個臭查某，你說 ── 你這樣子日日鬼鬼祟祟的跟蹤我算是什麼？你存心要我在這兒住不下去是嗎？」

「哦，你就以為我那麼有閒日日去跟著你啊，還不是你自己叫人放心不下 ── 」阿母有點委曲，又有點心不甘地：「就說今天早上吧，我說我要下坡去買點什麼，你就連忙說你正好也有點事要過對面港去一下，可以順路用車子載我到坡底……。誰知我人一下了車之後，跑到那棵大樹底下站著張望了老半天，都不見你車子過橋去。去對面港不是要過橋的嗎？我心裡越想越不對，連忙跳上一輛正要駛回鎮的巴士趕回來。嘿，果然不出我所料，你的車子就泊在那裡……。哦，幸虧我回來的早，要不然哪 ── 可不知又要發生什麼大事了！」阿母愈說愈得意，臉上閃爍著一片油亮底紅光，那樣子就好像是打了一場極為漂亮的勝戰似的。

阿爸在這場戰中顯然是栽了個大筋斗，狼狽至極，頓時老羞成怒：「哼，我看你啊，今後就莫要白費心機了，總有一天我會做給你看的！」

「啊？你 ── 你想做什麼？」阿母開始有點慌亂了。

「我─哼！」阿爸冷哼一聲：「我要帶她走！」

「 ── 嗚哇！」也許是悲慟過度，良久，阿母才悲號出聲，一面搶天呼地：「真是天公無眼哪！何以我是那般的壞命哪……你這喪盡天良的……要不是為了這個破爛的家跟這些可憐的孩子，我早就不顧啦！你別以為我就無處可去，哼，

我給你講 ── 阿干跟阿美我要帶走，其他的隨便你要將他們怎麼辦！」

「嗚……，阿母，我不要，我也要跟你去哪 ── 」躲縮在牆角裡的阿珠突然跑到阿母身旁，拉扯著她底衣角，不依地頓著腳放聲號哭起來。而後，阿絹、阿綢、還有……也都一個個地跑過來拉住阿母哭哭啼啼地。這一哭，可真是亂了軍心！

「哭哭哭！你們這些衰鬼，令父還未死哪！」阿爸不勝其煩的推開門大踏步走出去，仍下「碰」的一聲巨響，震得人耳朵發麻。

　　　※　　　※　　　※　　　※　　　※　　　※

這一天，我沒去讀書。

我已經好幾天沒去學堂了。自從阿爸跟阿母那天又罵了架以後，我真怕阿母會突然撇下我們而去。我要在家裡守住她。要在平時，她是絕對不容許我們那麼做的。可是現在，她整個人，整顆心彷彿是被掏空了似的，再也沒心思管我們底死活。我天天看著她，愈覺她一日比一日枯瘦下去……。

阿爸！我恨您，我真恨您！可是恨歸恨，我又能怎麼樣？想想我的兩只胳膊還沒有阿爸的一只大，我 ── 又能做些什麼呢？

我感到茫然。

「阿干，這個飯盒給你提去，跟你阿爸一起去工地看看！」

我本想不去，但瞧阿母目珠朝我霎了霎；原來阿舅今天沒來，我是代替他的。

　　阿爸連看都不看我一眼，默默地扶我上了機車後座。他最近都是這般樣，從頭到腳換了一個人！

　　工餘。幾個人坐在那裡喝茶聊天。

　　我也緊挨在阿爸身旁坐下。看他們喝茶，聽他們瞎扯。我對這幫工友們並沒有太多的好感。他們所談的就從沒一件是正經事，老愛拉七雜八地扯些不三不四的閒話，聽了叫人面紅心跳。

　　「阿烈仔，說你神通廣大就是神通廣大！想當年如何地把阿嬌輕輕易易地給騙上了，不上幾年，又來了個阿……。」臭頭仔才把話說到一半，我就感到桌子底下阿爸的腳猛力的踢了那麼一下，坐在那頭的臭頭仔就「唉唷！」一聲慘呼起來。

　　「哈哈哈……。」四周的人都笑開了。

　　臭頭仔惡狠狠地掃了阿爸一眼，「咦 ── ？難道我說不對了嗎？哼 ── ！」

　　「走，阿干，我們走，不跟他們去胡仙！」說著，阿爸站了起來，順勢拉我一把。

　　嘿嘿，嘻嘻嘻……。後邊，臭頭仔領先笑了起來。「真是作賊心虛！」

　　阿爸的臉色異常地陰沉難看，好像天就要落雨了。

　　　　　※　　　※　　　※　　　※　　　※　　　※

　　三姨、四姨從遠遠的外坡回來了。

　　聽說我們家出了事，也都趕來看阿母來了。

　　「阿秀、阿娟，你們來得正好，你們不知我這時心內有多苦啊，沒個人可以說心內話……」阿母紅著目將她們給拉進屋內去，大概又要說什麼悄悄話了。「唉 ── ！有時我想

想，做人真沒意思，很想一死了之，可是，這些孩子……你叫我怎放心得下呢……。」阿母頓了頓，苦澀的接下去：「其實認真說起來，也都怪我自己不好……。你想，我同阿烈結婚了這麼些年，只生阿干這麼一個兒子，阿烈老嫌我生不出男的不說，我自己也覺得很不是味道……。以後，出現了阿蘭，我覺得她人很不壞的，大家也都合得來，她人又勤快又肯幫忙，出手也大方……。年前，阿烈買下那塊厝地，還有那輛機車，都是她幫著湊錢買的……。你想，這樣的人那裡去找呢？後來，她跟阿烈偷偷地好，我也只當著不知道……不過，我私底下有跟阿烈說，若是他們將來有了兒子，第一個一定要歸我，這是條件之一。」

「他們當時好像是答應了的……可是，沒想到後來阿烈越變越不像話，整個人整個心好像都不在這邊了，老看我這邊那邊的不順眼……而且，兩個人還偷偷計劃著要走！你們說，事情變到這步田地，叫我怎生是好呀！」阿母說著說著，又自無聲痛泣起來。

「唉——！真沒想到，事情竟會是這般的難搞！」三姨、四姨同聲嘆道。「其實呀，現今是什麼時節了？真想不透你們還是那樣子的不開通？還有，也都怪你自己不好……一開始就貪著人家的種種好處……以至一個明地裡搞，一個暗地裡幫，現在怎樣？後悔莫及啦！」

「唉……！」阿母長嘆一聲，「你倆也莫再講風涼話了！該替我想想法子才是啊！」

「想法子？難辦啊！」三姨為難地搔了搔頭，忽然，像是想起什麼似地：「咦，對啦，你們以前結婚的時候有無去註冊啊？」

「註冊？註什麼冊？好像無哇！」阿母困惑地搖搖頭。

「嘩！這個難道你都不懂呀？」三姨失聲叫道：「現在人家結婚都去註冊，這樣婚姻才有保障啊！」三姨對這個彷彿很老道似的，滔滔不絕的說下去：「萬一發生了什麼事故，就像你們現在這樣，他想要同你離婚，你還可不同他離呢！他想不要你也沒那麼容易哪！就是真個離了，你還可以向他索取一筆贍養費……。」

「唔……。」阿母點點頭，不再作聲；內心似是有了新的計策。

　　　※　　　※　　　※　　　※　　　※　　　※

廳堂裡。

阿母一把鼻涕一把眼淚的同阿葱伯說著話。

「阿葱伯啊，我今日把你給請來，您無論如何要幫我這個忙。您去同阿烈講，叫他一定要跟我一起去註冊！」

「啊啊……阿烈嫂，你這不是在講笑吧！」阿葱伯摸摸他那光滑的下巴，輕笑道：「你倆結婚都幾年了？仔也生去八、九個了！這個時候，還鬧什麼註不註冊的事啊！難道人家敢說你們不是正式夫妻嗎？」

「不，阿葱伯，您不知道 ── 」阿母急急說道：「這個很重要，人家都這麼說的，您一定得幫我說服他……要不然啊，萬一有什麼，您叫我跟這些孩子們怎麼過下去呢……。」

阿葱伯蹙著眉，想了一會，似是明白過來了，道：「啊，阿烈嫂，我知你的意思啦，你是說註了冊，那麼你倆的婚姻就穩當了是嗎？其實我看哪，你莫要憨啦，現在的人都去註冊結婚了，可是離婚的人好像也越來越多……至於那些有錢

有地位的，雙方在離婚之後，做妻子的有些還可獲得一大筆贍養費或是房產什麼的，可是 ── 」，阿蔥伯說到這兒，有意無意的望了阿母一眼，「萬一那個丈夫是個窮光蛋的話，那你叫他拿什麼來給你呢？他自己能不餓死都算好了！到頭來還不是女方在吃虧，你說是不？唉 ── 所以我說你呀，還是定下心來，不要胡思亂想，也不要去聽別人亂講，只要你今後啊同阿烈仔好好的相處下去，大家和和氣氣的，夫妻能圓最好啊！註不註冊都無關緊要的。啊，你聽我的不會錯啦！」阿蔥伯把話說畢，也不再理會阿母，站起身拍拍屁股逕自走了。只留下阿母一人怔怔的坐在那，好老半天。

傍晚時分。

住在村東頭的來福嫂走來同阿母買「鳥蛋」。阿母滿腔的愁苦正置無處可泄，見到來福嫂來，就彷彿是在茫茫大海中看到一塊浮木似的，趕緊拉住來福嫂把對阿蔥伯說的話以及阿蔥伯又是如何說全都給傾出來了。

「唉─阿烈嫂，阿蔥伯的話的確是不錯啊！」來福嫂聽罷，拍拍阿母底肩說。

但看到阿母一臉的愕然，忙又接下去道：「我也不是說註冊結婚不好啦，你千萬別誤會呀，只是……我認為你們要註冊，最好等夫妻倆和和樂樂的時候，那時節你再同阿烈仔去提，我想他不會不同意的。唉 ── 」說到此地，來福嫂突地無端的感嘆起來：「我覺得我們女人哪，要能獨立最好，不要處處依賴著男人，免得他們以為我們女人真是那麼的無用！還有……萬一啊有天發生了什麼變故─就像我家那個死鬼，當初啊還不是在外頭養了個小的，我也是拿他沒法度啊！男人哪心一變就什麼都去啦！你還能指望什麼……後來，我

索性讓他去死，免得留著個沒了心的人，看著叫人傷心！再說，我自己有雙手雙腳，還驚會去餓死麼？」來福嫂愈說愈激動，兩只手不住的往前推送著，「後來，這死鬼好像是良心發現，不時的拿點錢回來給孩子們花，哼，我才不希罕他那幾個臭錢哩！我說：拿回去給你自個做棺材本吧！嘿—」

「哦，來福嫂，你要的"鳥蛋"我已經給你裝好啦！」阿母忽然立起身，沒頭沒腦的冒出這麼一句。

「啊，好的，阿烈嫂 — 」來福嫂驚覺地住了口，識趣的跟著站起來，「你看我，老糊塗啦，一講就講到忘了天黑，得走啦！」

來福嫂屁股一扭一扭的也走掉了。此刻，仍只剩阿母一人，楞楞的坐在那太陽的餘輝已逐漸淡去底沉沉暮色裡。

※　　　※　　　※　　　※　　　※　　　※

我終於見著了蘭姨！

為了阿母；阿母生我、養我，我必須為她盡一點兒力，我想。因此，我決定「犧牲」蘭姨；雖然她底處境是值得人去同情的。

見著她時，我不禁想起了前些天在野墳坡邊看到的那朵生著病底小白菊，同樣地是一張蒼白無神底臉……。

「蘭姨，你真個要同我阿爸一塊走啊？」我開門見山就問。開門見山總比拐彎抹角得好，我想。

「唔……阿干，你怎麼這樣子跟阿姨說話？ — 」蘭姨沒有看我，卻去盯住她腳底下那一方小草地。那聲音發自她口中，輕細而微弱，彷彿來自遙遙的天際。

「哼，就是你不講，我也全都知道了！」我憤憤地說。

此刻，心內處的種種怨恨又都慢慢地集攏來了。蘭姨，想不到妳是這樣地卑鄙！妳想蒙騙我嗎？哼，紙包不住火！

「知道什麼？——阿干！」蘭姨痛苦的扭曲著一張臉。

「知道你是搶我阿母丈夫，搶去我們阿爸的壞女人！」我理氣直壯地。此刻，蘭姨在我心目中疿美好形象已被連草帶根的鏟除掉了！

「……」

「蘭姨，——」我突然像大法官似的在她面前下了一道最無情的宣判：「你走吧，遠遠地離開這裡——我永遠都不要再看見你！」說畢，我頭也不回的走了。

「阿干，阿干……等等……」背後是蘭姨一聲聲無望的呼叫，然而，我再也沒回過頭去。

嘎嘎……。一只烏鴉打從我頭頂上的天空掠過，嘎嘎地叫了幾聲，既蒼涼且悲壯。

※　　　※　　　※　　　※　　　※　　　※

「阿母，阿母！明早學堂不必讀書，先生說要帶我們去一個什麼地方看什麼「破布」（瀑布）啦！先生還說一個人要出一塊錢，阿母您……」我一路跑著，叫著，跳著。我剛從學堂回來，想把這個天大的好消息告訴阿母知道。

可是，當我跑入裡間時，不由得整個兒呆住了！

阿母——她正趴在桌面上，兩個肩膀一起一落的；旁邊還擱著一張已起了無數皺痕底紙箋，有數張紙鈔各自散落在桌面以及桌底下……

「阿干……你阿爸他人已經走啦，他……」阿母泣不成聲地。

「阿母，我都知道了！」我簡短地答。

「阿干！你說什麼？你知道什麼？」阿母猛地坐起身，驚愕的看著我，兩粒目珠腫脹有如核桃仁般。

「我 ── 已經知道阿爸他走啦！」我定定的望住阿母。

「不，阿干，我是說 ── 」阿母略遲疑了一會，終於說：「你阿爸他已經出外坡去做工啦！要很久才會回來 ── 」

「阿母！您不要再騙我了！」我咬咬牙，說：「我知 ── 阿爸他一定是跟蘭姨走了！」

「不，阿干，你千萬莫要這般亂講，你阿爸他真的是 ── 」

「阿母！您不要再講啦，」我極力克制住滿腔的悲憤，「阿爸不在家，還有我跟阿美他們哪！」我原想說：「沒有了阿爸，我們還是可以活下去的！」然回頭望望阿母，她對阿爸依然是情深一片，我怎忍心……。

「阿母！您瞧，我底手臂都有這般粗大啦，明天我就可以出去找工賺錢啦！」我屈起一只胳膊，比給阿母看。

「唉 ── 憨孩子！」阿母終於被我逗笑了。「都怪阿母不好哪！ ── 」

屋外。

日頭光已不知在什麼時候亮光光地灑滿了一地。

這季候性底雨，已經一連下好些天了，而今，該是雨過天晴了吧！我走出屋外，仰首，瞇起一只眼望向那藍緞子般的天空。

1981 年 4 月刊登于

星洲日報《小說世界》版

最珍貴的

外邊是個火球高懸的豔陽天。

我懶洋洋地趴在廊外那張幾經滄桑、一眼望去盡是傷痕斑剝的小圓木桌上。阿母說那個"地牛官"已經來過好幾次了，說它不僅僅是有礙美觀，而且極不合乎衛生條件……。誰不知道我們這裡是個既清潔而又美觀的花園城市呢，處處講求乾淨衛生的啦，可是偏偏"漂亮、衛生"這些字眼就不適用在我們身上。就說我們身上所著的衣服吧，不是說沒洗 — 洗得乾乾淨淨，洗得所有的色彩都接近白色的了，可是一穿出去，人家看了就直皺眉頭，不幸的話，如再加上幾處補釘，人家就越瞧你越不順眼了！回頭再說我現在正伏著的這張小圓木桌吧，儘管阿母日日都有擦拭它，然而那些客人一眼望去就嫌它髒，嫌它……。唉，真是無可奈何啊！這也難怪那地牛官無論如何要叫我們換掉它了。其實我內心也真有點捨不得它呢 — 它日日伴著我看書寫字，有時趁阿母沒注意或者人客稀少的時候，還偷偷的趴在它身上睡會兒懶覺呢！然而話雖是這般說，要換掉它可也不是一件容易的事，誰叫咱們窮呢！幾個月前阿母才四處去張羅換來兩張半新舊的；而最近阿爸又住院，需要好大一筆開銷……試問我們那兒來的錢呢？阿母只有苦著臉愁兮兮的。

幾只飛蠅嗡嗡地在我頭頂上空盤旋著不去，彷彿一群轟

炸機在尋找什麼目標似的。我厭惡的騰出一只手揮拳擊去，但沒擊著，心裡頭的惱恨不由得更添一層。遂又想起日昨放學時，亞福他們幾個遠遠的叫住我說，"喂，興發，等等！我們幾個正在討論明天的活動項目呢，你要不也來參加一份，人多熱鬧些。"亞福邊叫著邊跑過來熱切的拉住我，"哪 —— 明天我們決定一大早就去泳池泡水，然後，再一起去吃東西，看場電影……。"我垂下頭默不作聲。不是我沒在聽亞福在說什麼，不是我不想參加他們……我想，我想得要死！但是，阿母……阿母她會答應麼？"喂，興發，聽說××影院在上映的那部什麼××很賣座哩！"亞福以為我沒什麼意思，於是故意抖出這幕我一直都想看得要死的影片企圖說服我。

　　我終於心動。遂將心裡頭的隱憂道出："不是我不想參加你們，亞福，只是……我媽不一定會讓去。她要我跟姐一塊去幫她照應攤子呢！"

　　"唉 —— ！你媽也真是的！明日是兒童節她知不知道？她怎麼那麼不通氣，還叫你去看什麼攤子！叫你姐一個人去不就行了！"亞福不禁代為打抱不平。

　　"我看這樣吧，讓我回去問問看。"想起阿母近來脾氣似乎不太好，時陰時晴，總是陰天的時候多，我不禁心涼了大半截，"不過，我可不太有把握……。"

　　"好吧，我們就這麼說定了，明天都在我家裡集合！"亞福說罷掉頭就走。

　　"不，亞福！"我急急的叫住他："你們不用等我，假如我到時沒去，你們就自個去好了。千萬別到攤子上去找我，我媽會罵人的！"

「好啦，好啦，瞧你，緊張兮兮的！」亞福扮個鬼臉笑話我，「你媽又不會吃人，怕什麼！」說罷，又突地想起什麼似的，「喂，興發，你爸他最近怎樣了？好點沒有？」

「唉──！我也不知道……我每天都去看他，都覺得他沒什麼兩樣，不過，聽說他這病很難好……。」提起阿爸，我不覺黯然。假若阿爸他不生這討厭的病，好好的在家裡的話，那──我明兒就可痛痛快快的跟他們一起去瘋一整天了！……

「喂，小弟，給我來碗魚丸米粉！」

「哦──！」我趕緊坐直身子，待翻過頭去──冷不防阿母的大嗓門一聲呼喝，像句悶雷，直朝我頭上劈來，「阿發，你死了啊，客人來了還不趕緊去招呼，坐在那裡發呆啊！」

新近，我們的生意似乎不太好，打從阿爸不在攤子出現以後。我想，這跟阿爸是大有關係的。

某天，無意中我聽到有兩個客人在那竊竊私語：「嘿，你覺不覺得最近這攤的東西好像沒以前的好吃，奇怪，那老闆也不知到哪兒去了？」

「還有哪──」另外一個馬上接下去說：「他的料好像也越來越縮水了，淡而無味！」說畢，還大搖其頭。

又有一天，我端了一碗熱騰騰的麵去到一個顧客跟前，他接了過去，隨手拿起一雙筷子在碗裡頭攪翻了一陣，突然衝著我說：「唉呀，小弟，怎麼這裡頭什麼也沒有哇，這不成了素麵了麼？」

我正想上前去看個究道，難道阿母忘了放東西不成？記得從前有過一次，那時節我們生意正好，也許是阿爸阿母一

時忙昏了頭，竟然忘了在一位客人的麵裡頭下料，害得那人在那兒著實大驚小叫了一番。阿母聽了，連忙丟了手裡的活兒，三步作兩步的趕了過去，一邊賠不是，一邊叫我把那碗麵端回去，另外換碗色香味俱佳的麵來。所以這回我還滿以為阿母會像上次那樣氣急敗壞的趕過來向客人賠不是……不料阿母非但連頭都懶得抬起來瞧一瞧，卻在那頭冷冷的拋過來一句，"喂，阿叔！什麼什麼也沒有啊？你沒搞錯吧！我老實同你講，最近東西是貴了點，但我的麵還是一碗塊二錢，這總好過人家賣一碗塊半錢啊！"

那人沒作聲，低著頭兒悶聲不響的吃他的麵，吃罷，叫聲："喂，小弟，收錢！"丟了一塊二毛錢在桌面上，那二毛錢銅板咚的一聲擊在桌面上，好刺耳。

"咄！香噴噴的一碗塊二錢還嫌東嫌西，吃不過就別來吃好了，哼！"阿母望著那人的背影咬牙切齒的叨罵起來。阿母她以往不是這個樣子的。我真擔心，如此下去會大大地影響我們的生意。但我也很能明白阿母的苦心，她這樣做一切都是為了這個家，為了我們……。當今，她把錢看得比什麼還重要，一毛錢就好比一個牛車輪那般大，她在麵裡頭少下料還不是為了能多省幾個錢，只是我覺得像這樣子省法畢竟不是正道，若阿爸知道了也一定不會贊同的。話得說回來，阿爸他如今在家裡的地位已大不如前，阿母才是一家之主。當她脾氣暴躁的時候，阿爸還得讓她三分哩！我很同情阿爸，他是不該生這磨人的病的。唉！

我又想起今天早上，當我還在那兒擁被貪眠，一面卻在心裡盤算著該如何同阿母去說，讓她放我一天假……卻聽得在唸小二的阿妹底聲音從廚房裡頭傳出："媽，今天是兒童

節，你給我買雙鞋好麼？你看，我的鞋子前面都已穿破一個大洞啦，腳趾頭每次跑出來都要被人家笑！老師叫我給你說買雙新的……。"接著，還在唸幼稚班的小弟也吵著說："媽，給我錢，我要去買糖。還有 Ice cream……"

"吵吵吵！你們這些衰仔，整天就只知道要錢！你們以為老娘賺錢容易是麼？討債鬼！"阿母破銅鑼似的聲音頓時響徹整間兩房式的屋宇，我趕緊用被巾蒙住雙耳，以免被震得難受。稍後，我又聽得她說："咦 —— 阿鳳，你今天不用上學啊？"不過，那音響卻是比先前緩和多了。

"媽，我……我不想再讀了！還……還是幫您去看攤子好。讀書要錢的，還是讓阿發他們讀好了！"是阿姐的聲音，低低的。她中一都快唸完了，成績頂不賴的，阿爸就常誇讚她。我心裡頓時很不是味道，這太委屈她了，她是不該輟學的。該停學的是我，我不喜歡唸書，而且成績老是在及格的邊緣。

"唉 —— ！阿鳳啊，你說的也是，讀書要花錢，自從你阿爸他……唉！你不愛讀也罷，幫媽看看攤子也是不錯，本來嘛，女孩子讀那麼高的書也沒多大用處……。好啦，好啦，時候不早了，你去叫阿發起身，然後收拾收拾，一會兒也該到攤子上去了！"

我起身的時候，阿姐走來幫我整理牀褥，我發現她兩個眼眶紅紅的……

"喂，興發！"

我猛回頭，亞福他們幾個站得遠遠的向我招著手。

"阿發！他們找你幹什麼？"阿母眼裡翻現一大片眼白，"這些沒事做的野孩子，又想找你出去玩了是嗎？"

　　"不，媽，我過去跟他們說幾句就來！"不待媽應允，我便快步的奔了過去。

　　"亞福！你們是怎搞的？"我不高興的衝著亞福道："我不是同你說過不要到這裡來找我麼！你們還是快點走吧！"我連催帶趕地。

　　"不，興發，你聽我說，"亞福跑過來附在我耳邊悄聲道："我們是給你送東西來的！"接著他將他們今早所做的事全都告訴我了。原來亞福幾個因等不到我而終取消所有的活動項目，而臨時改為各別到同學家裡去"募捐"……這當然又是亞福出的新鮮主意了。亞福向我解釋完畢，遂遞過一個用橡皮筋捆得緊緊的小袋子，急得我連搖雙手，"不，這個我不要……"說罷轉身就走，亞福幾個還是不肯罷休的跟了上來。我真擔心阿母看見了會不分青紅皂白的將他們破口大罵一頓。

　　"伯母！"亞福領先走到攤子前頭對著阿母禮貌地招呼了一聲。

　　"嗯！"出乎意料之外的阿母並沒說出什麼難聽的話，只是面上的表情有點古怪而已，大概是想瞧瞧他們幾個到底要耍什麼花樣吧！"伯母，我們知道伯父生病住院，心裡都很難過，所以和同學們合捐了一筆錢……這只是代表我們的一點心意，請您收下吧！"

　　"唉呀，這怎好意思呢，要你們破費……"阿母臉上陰霾盡失，隨即堆滿了一臉笑意，"真想不到你們小小歲數，就這般懂事！"打從阿爸生病的那一天起，許久以來，我就沒見過阿母這般高興過，而綻開在她嘴角邊的那兩朵笑靨更使我覺得陌生！我怔怔的站在一側瞅著阿母直瞧，但願那兩

朵笑靨永遠停留在阿母臉上不去……

"興發！唉呀，你看你，一點都不懂事，還不快請同學坐坐呀！"

"哦，不必了，伯母，"亞福幾個忙道："我們還想順道去看看伯父他呢！"

"唉！真難得你們這樣有心……，阿發！"阿母突地朝我叫道："你沒事就帶他們去吧！"

"媽，我這就去了！"我欣喜若狂。

在病房裡。

阿爸坐在牀上同亞福他們有說有笑的，一副完全沒生過病的樣子。我看在眼裡，心底裡滿滿的都是感激。想起平常時我跟阿母一道來探病的時候，大家一碰面總是愁臉相向，無話可說。有時看到阿母一副冷漠極了的面容，心裡更是有如刀割。

臨走時，阿爸突然若有所感的把我叫過去說："阿發，我知道今天是兒童節，阿爸沒能給你什麼……但是，你卻因此而得到了一份最珍貴的禮物……，"說到這裡，阿爸沒再往下說，卻望了望我，又望了望亞福他們，好像有意讓我自己去猜。我頓然醒悟，明白阿爸所指，猛然掙脫了那被阿爸執著底手，飛跑過去拉住亞福他們，一時竟也不知該說些什麼，良久，方才拼出這麼一句："我真不知道該怎麼感謝你們才是……。"

"興發，別說這個了，大家是同學嘛，應該互相幫助的！"亞福幾個異口同聲的說。

"對，亞福他們說得很對，我們做人，本就應該互相幫助。阿發，你應多向他們學學啊！"阿爸投過來嘉許的一句。

看看時候已不早，我遂同亞福他們告別了阿爸出來。
一路上，我們齊聲高唱著回家：
讓我們小小年紀，
就把愛心來播種。
讓愛的花朵朵處處開，
友誼的芬芳處處聞，處處聞……

1981 年 11 月 25 日刊登于
星洲日報《世紀風》版

捐腎的人

　　這是一家私立醫院的病房裡。

　　病牀上。菩提半臥半坐著，背後墊靠著兩個雪白的大枕頭。

　　她底臉色看上去有些兒蒼白，不過兩只依然美麗的大眼卻是炯炯有神，再加上嘴角兩邊時不時泛現的一縷笑意……教人覺察不出她是剛動過手術不久的。

　　幾個學生模樣的年輕人正圍坐在牀的四周與她熱切的聊著。

　　「老師，說說看您這次動手術的經驗好不好？」一個臉上依然漾著股稚氣的女學生愛嬌的望著她請求道。

　　「唉，傻孩子，我那有什麼"經驗"好談的，我只記得……當我被推進手術室之後，那主治大夫人很好，走過來同我親切的說著話，接著旁邊一人在我手背上扎了一針，沒幾下子……我就睡死過去了！哈哈……。」菩提爽朗的笑開了。

　　「老師，在手術之前，您心裡有什麼感受沒有？比方說害不害怕，緊不緊張？」另一個緊跟著問道。

　　「何來害怕之有，緊張之有？」菩提很平靜的看了這蓄著一頭短刺刺底小平頭的男生一眼，接下去道，「不過，我當時倒是有點兒擔心……。」

擔心什麼？牀四周圍的那些個眼跟嘴都好奇的張大了。

「我擔心的是這宗移植手術⋯⋯是否會順利完成。你們或許都不知道，我對它的期盼有多大，我盼望能再度見到病患者臉上重新綻放的笑容⋯⋯。所以說我當時的心境的確是有些兒緊張加上幾許沉重。」

噢！⋯⋯四周圍的眼跟嘴都不約而同的合攏了。

望著牀上恩師那張慘白底臉，他們沒有惋惜，只有肅然起敬。

「老師⋯⋯那麼⋯⋯在手術過後，您有沒發覺出什麼地方不對沒有？」沉默了片刻，一個腦後扎了根馬尾的小可愛女生問道。

「哦？！⋯⋯」菩提凝視了她好半響，後笑著說，「我明白你的意思了！我覺得一切都很正常！至於某些人認為的會有所差別，那是不切實的。任何一個人，只要他的腎器是健康、正常的，而他的血型又與受益者相符合的話。那他就有資格捐出其中一只器官給人了！至於他體內僅存的另一只腎，我說過，只要是健康、正常，就已很足夠應付身體的需求了。」

「對了，老師，您對於當今當局有意"立法捐腎"有什麼看法？」那理小平頭的男生又問道。

「嗯，我個人覺得這樣做是個很好的辦法。雖然"立法"並不完全是強制性的，主要決定還是在於個人。不過，這樣做法起碼可以引起社會各階層人士普遍的去注意這個問題，以及深切的去關心它，並參與它。」

「老師，您為什麼會想到⋯⋯。」

這時，一個身著白色制服的護士小姐匆匆行近菩提身

邊，向她輕語道：「吳女士，有位男士在外邊等著想要見你……。」

「好吧，就麻煩你請他進來吧！」菩提爽快的答應著。

「老師，既然您有客，那我們就不多打擾了！」

目送著這一群可愛的年輕人一個個魚貫的步出病室，菩提臉上不由得湧現一抹幸福底笑靨。有了他們，她永遠都不會感到孤寂。

正當菩堤的目光定定的望著門口處出神時，冷不防一個高大瘦黑的身影一下闖入她底眼簾……

啊！……菩提把嘴給張成半 O 狀，完全地怔住了！

這高大的，看起來有些兒 "憔悴" 的身影還未來得及等她開口，就逕直的奔過來了。

他也沒等她招呼，就自行拉過一把椅子靠著牀沿坐了下來。先是遲疑著，終緩緩的伸出雙手來想去握住她底。可是，她卻彷彿沒見著似的，兀自把雙手交叉著平貼在腹部……他窘極了。一時不知如何是好，所幸她終開口了：「嗨，你好！真想不到會是你……。」

「嗯……，」他把雙手平擺在膝頭上，就這樣來回的搓著，好一陣子，方訥訥道：「你好麼？怎麼……。」

「我很好呀！」菩提若無其事道。

「哦，對了，我到過你任職的那間學校，他們說你暫時請假……。想不到你卻躺到這兒來了！」他有點不可思議地。

「那也沒什麼值得大驚小怪呀！」她說。

「菩提，你來這兒的事……他們全都告訴我了。我真不明白，怎麼你會突然的想到要去做這種傻事呢？」他愛憐的看著她。

「什麼？你認為我的所作所為是件傻事？」她不勝驚愕的瞪著他。

「可不是嗎，」他絲毫沒覺察到她那張原本蒼白底臉此刻更加地蒼白了。「何況是你的身子本來就不很硬朗，你以前不是……。」

「劍雄！請您別再往下說了！」不待他說完，她便憤怒的叫了起來，「我外表看來，雖是有缺陷，少了一條腿，不過，我的內部器官可是完好的呀！」

「菩提！你……說什麼？你的腿……到底是怎回事？……」劍雄吃驚的張大嘴巴，再也說不下去。

「唉，劍雄，事到如今，我也沒必要再瞞你的了！」菩提知道自己一時衝動，說溜了嘴。「尤其是你、我，當今都已經是靠四十大關的人了！」她抬首仰視著天花板，臉上掠過幾許悲愴，但隨即為另一種剛毅、堅定的神情所取代……她慢慢的掀開覆蓋在自己身上那層白色被單之一角，……然後，為他講述下面這麼一段"故事" ──

那一年，你走了，去了加拿大。

這也是我千方百計支使你去的。

你本來是在××中學任教理科班。你很喜歡，也很滿足於這麼一份工作。你說它很有意義。可是我卻不這般想，我覺得男兒志在四方，尤其是不該老呆在這麼一個小地方當一輩子的窮教員！於是便努力的說服你到國外去，另闖一番天下。

我因自己唸的是文科班，尤其是什麼中國文學系，沒什麼出路可言。因是很想再到國外去另混個比較有用的名堂回來。可是，憑我一個"文科班"出身的，拿什麼資格出去呢，

因此一切唯有仰仗你了。你答應過我出去之後，就為我打聽並安排一切，要我安下心來等你的好消息。

　　你終不負我所望，就在那一年年底，聖誕節前一個月（你是那年初春走的，記得麼？），為我捎來佳音－要我趕在聖誕節前夕過去那裡與你共度佳節。當我接獲這可喜的消息時，便懷著一份待嫁女兒的心情，積極的籌備一切。一個月的時間很快地就過去了。眼見我倆相聚的日子即將到來，喜悅填滿我底心胸。……猶記那一天正是十二月廿二日，也就是我臨出國前夕。那晚，我高高興興的赴裁縫店去試新裝，稍後，又趕到美容院去飾髮，想不到回來的時刻……就在半路上……就這樣的，我失去了我身上一件再也追不回來的東西！……說到這裡，她下意識的將目光移往自己身體的下部，嘴角微微泛起一絲無奈的笑。

　　「菩提，你……你當時怎地都沒告訴我這些……？」劍雄激動的把那張臉脹成褐紅色。

　　「劍雄，你先別打岔，還是讓我慢慢兒告訴你吧！」菩提面上一片祥和，繼續道，「你想，設若我當時不是在信上這麼寫著：我因不慎摔傷了一條腿，需要調養一些時候方能出去……你能安下心來繼續你的學業麼？或許，你早就不顧一切的飛回來了。劍雄，我很了解你的脾氣……，只怪我沒這福份……。」說著說著，菩提的喉頭似乎被什麼東西堵住了似的，再也接不下去。

　　「菩提 ── ！」劍雄伸出雙冰冷抖顫底手，強行去握住菩提的，一顆淚滾溜溜的在眼眶裡打著轉兒。

　　「劍雄，快別這樣……」菩提輕輕的推開他的手，清清喉嚨，用很平和的語調繼續說著，「這樣，約莫過了兩個月，

我又再給你寄去一信，說我已經和吳偉民閃電結婚了！請你不必再等我……。我還故意的制造了些氣你的話。我說吳偉民剛由澳洲回來不久，是個醫生，我的腳正是讓他診治的。他不單相貌長得英俊瀟灑，最主要的是他是個醫生，將來勢必大有錢途。至於我麼，原本就是個愛慕虛榮的，吃不了什麼苦，因此決定了就在此地隨意揀個金龜婿嫁了算了！」

「唉，菩提……你這真是何苦呢！害得我……。」劍雄聽得連連頓足。

「其實……那時，吳偉民跟我，只不過是普通的醫生跟病人的關係罷了。他是我的主治醫生，說句真心話，他的確是個很好的外科醫師，他不單醫術好，尤其是有著一顆善良的心……。許多病人都爭著要讓他看病呢！」

「所以……你就這麼的看上他了！」劍雄幽幽的插進來這麼一句。

「唉，話也不是這麼說的，劍雄……，當時，我只是覺得他這個人很不錯，因是靈機一動，就拿他來當"替死鬼"了！想不到……。」

「想不到後來果真當成了吳太太！是麼？」劍雄又冷幽幽的射過來一箭。

菩提沒理會他，繼續回憶著，「……記得當我蘇醒過來的那一刻，知道自己沒了一條腿，當下簡直是痛不欲生……我陷入了歇斯底里的狀態中，一會兒笑，一會兒哭的，吳醫師知道了，匆忙趕來，為我注射了一針鎮定劑，方使我逐漸平靜下來。這以後，我每天都得靠鎮靜劑來抑制我那不定的情緒……直至某一天，我忽然感到厭倦極了，非但拒吃那藥，還乘人不備時，拿了水果刀往自己手腕猛割，想就此了卻殘

生……。幸虧被發現的早，否則這世上早就沒我菩提這人了！……再一次的"死裡逃生"，使我對"生命的意義"有了更明確的認識；我從而發覺到，人絕不是那樣子簡單草率的想生就生，想死就死的……。我甚而覺得我們每一個人來到這世上，都負有著某種的使命，不管它是巨如陽光之普照大地，抑或渺小如一根小小蠟燭所發出的光芒，總之，每個人按其本份，盡其所能，有一分熱，發一分光，這就夠了，那你的這一生就不是白活了！從那之後，我就不再夢想著出國，也不再作其他一切非份之想。我只想著怎樣去做一個人，去做一個雖殘而不廢的人。劍雄！這個你是很難明白的……要從殘做到不廢，這其間的"心路歷程"就夠你去磨煉的了。此外，尚有其他許許多多的你意想不到的現實中最現實的問題呢？這一切要不是有吳偉民的從旁協助、鼓勵與引導，我想我早就向現實屈服了！」話至此地，菩提頓了頓，忽而轉向劍雄，「哦，對了，劍雄，你是剛回國來的吧？怎麼忽然的想到要回來了呢？還有……你在國外，這一向都過的好麼？」

「唉，說來真是話長，」劍雄長長地嘆了一口氣，「我目前是在加拿大一間大學裡做事，我在那裡已有好些年了。一邊教書，一邊作研究，說不上是好是壞，總之可以過日子就是了！……」說著說著，他忽然又像是想起什麼似的轉換話題，「噢，對了，菩提，你授以腎器的那人到底跟你有什麼關係？怎麼你……。」

「噯，劍雄，你幹嘛又提起這個了？其實……我與她，原本就素昧平生，她是個熱心的社會工作者，我們僅有數面之緣罷了！只是……這世上好人似乎不見得就有好報，她不

幸得了這要命的病，已經好幾年了！一直到最近，似乎再也拖不下去了。雖然，這裡不缺熱心的社會人士；慷慨解囊讓她到國外治病著有之，熱心關切她病情的更是不少，但這些都遠比不上捐一個活生生的器官來得實際而有用，你說是嗎？……」說到這兒，菩提望了望劍雄，瞧他低著頭，悶不作聲的樣子，又道：「劍雄，不瞞你說，這若在以往，我是絕不可能這樣做的，更何況是一個與我毫不相干的人呢？但是，你知道麼，我現在之有勇氣這麼做，完全是因為偉民……。」

「因為偉民？……」劍雄不解地。

「是的，是他引導我這麼做去的。他在臨終的時候……沒有給我留下什麼，只斷斷續續的囑咐我為他做一件事，那是在他死後將他的眼角膜捐給那些需要光明的人！……想想他當時因車禍而身受重傷，在極端痛苦的情形之下，仍然念念不忘他人，我就……。」

「唉，菩提，事至如今，你也別再難過了，保重身體要緊。有關偉民的事，我當時也略有所聞，本想即刻飛回來看望你，然又恐你不能接受……。另方面，我自己也因剛換了個工作環境，一時忙不過來，故而就這麼的給擱下來了。直到最近前些日子，忽然心血來潮，想到要回來看看，看看老地方，也看看你……。」

「其實，你早就該回來看看它了！難道出國這麼多年，你一直就沒想過要回來服務麼？」

「嗯，想是想過的，可是……我聽說這兒的工作也不盡是這般容易找的，有好些人回來了，又再出去，好像是什麼"懷才不遇"的樣子，更何況是我如今都這把年紀了，還有

什麼門路可尋的？對了，我記得你從前好像說過什麼"男兒志在四方"的話，怎地現反又鼓勵我回來了？」

「噯，瞧你 ── ，直到現在，仍不忘把我從前說過的什麼拿來取笑一番呢！」菩提忍不住嗔了劍雄這麼一句，面頰兩旁頓時飛現兩朵紅雲。看得劍雄都傻了！時光此刻彷彿又倒流了十數年！

「咦 ── 劍雄，你怎麼啦，怎麼忽然的又悶不吭聲了？」

「哦，沒什麼……。我只是在想，反正我一個人嘛，到那裡都一樣……尤其是這一向在外頭流浪慣了，回來了反而有點不太習慣呢！」

「哎 ── ！劍雄，我也真不知該如何說你才是，」這回可輪到菩提重重的嘆氣了。「難道說……這些年在外，你一直都沒遇上一個令你傾心的……？也許是你的眼界過高了吧！」

「菩提，別提這些了，好麼？你難道不相信"書中自有顏如玉"這句話麼？這些年來，我又是教書，又是作研究的，把整個心思全都給牽進書堆裡頭去了，何須另尋芳草呢？嘻！」劍雄自嘲似的笑說著。

「劍雄，話可也不能這麼說……專心做學問固然是好，但總不能就這麼孤孤單單的過一輩子呀！」

「菩提，先別說我，我倒是想問問你，你呢？今後可有什麼打算？」

「我？！哈，快別說笑了，我跟你可是全然不一樣哦！」

「怎麼不一樣法？菩提……不瞞你說，我此番回來，也是想跟你說……跟我一起到國外去，讓我來照顧你，或者說讓我們彼此互相照應吧，你說好麼？」

「不，劍雄，我不能……。」

「為什麼，為什麼不能？」劍雄滿是疑惑的望著菩提，不勝感傷地，「難道你 ── 忍心再次陷我於失望、痛苦的深淵？」

「不，劍雄，你千萬別這樣說，我……不妨坦白的告訴你 ── 今天的菩提，已非昔日的菩提了！從前的那個菩提已經死了！」

「什麼從前現在的，我真不明白你的意思，難道說你已經不再……。」

「不，劍雄，求求你，別再往下說了！我……有點累，想休息一下，有什麼改天再說吧！」菩提無限疲憊的合上雙眼，一張臉蒼白如紙。

劍雄無奈，悄聲的道聲再見，又悄然的退了出去。

隔日。

是個大晴天。亮麗的陽光遍灑大地，又是個充滿著希望的日子。

劍雄手握鮮花一束，滿懷信心的站在院外廊上候著。

來往穿梭忙碌著的護士小姐們，走過他身邊，都忍不住的要往他手上的那束花瞧上一眼，然後再看看他，看得他怪不好意思的。

探病的時間到了，他三步做兩步的衝進菩提住著的那間病室。

可誰知卻撲了個空！

迎著他的是張空蕩蕩的牀；雪白的牀單深深的刺痛了他的眼！不知怎地，他忽然覺得自己像是踩在一大片白茫茫的雪地上，感到從未有過的孤單與無依。

菩提，菩提……！

轉身衝出室外，他想立刻找著一個護士來問。恰巧這時遠遠的行過來一個白色的身影。

他快步的迎了上去。「請問 ── 」

「請問你是陳先生嗎？」對方卻搶先問道。

「啊，我是！請問住在×號房的那位吳女士去了哪兒？」

「哦，她已經走了。這裡有一封她留給你的信。」對方不疾不徐的說著，毫無表情地，從口袋裡頭掏出一個密封著的白色信封。

「啊？！謝謝。」劍雄無可奈何的接過，心亂如麻。

劍雄：請原諒我不告而別。

我不能跟你走……，偉民他需要我來作伴，我不忍心就這麼撇下他冷清清的……。還有，我要為他完成他那未了的心願。我非醫者，自然談不上救人；不過，我還是可以盡我所能去助人的。我的那些學生需要我，還有那些不幸的（患有殘疾）孩子們……。我深深覺得能夠被人需要，以及能夠去幫助那些需要人幫助的，都是幸福的事。而今，我已擁有了這麼許多"幸福"，夫復何求？

劍雄，請別再為我憂心，我自覺我的後半輩子將會過得充實而愉快的。只是你 ── 我祝願你早日尋到"幸福"。

咱們後會有期。

幸福，哦，幸福……原來竟是這麼一回事。劍雄嘴裡喃喃的唸著，邊行邊唸邊點頭，惹得周遭的人都好奇的望向他。

1983 年 1 月份刊登于
星洲日報《世紀風》版

我不愛唐詩

一整個晚上，梅吟老在那翻來覆去的，無法入夢。

右手的手掌心此刻還在隱隱作痛，是熱熱辣辣的，就像觸摸著切片的辣椒所遺留下來的那種－怎麼洗都洗擦不去的一股火辣辣的味兒，直燒到心坎裡去！

哦！小芹，可憐的小芹……！她從未如是摑打過她的，好重好沉的一個大巴掌唷！一掌下去五根手指頭立即鮮明的印現在她那張粉嫩得有如水蜜桃般，手指不小心一觸即可戳破似的小小臉蛋上。

也難怪志光他要心疼得什麼似的衝過來對著她大聲吼喝了：「你瘋了呀？才五歲的小娃兒，你竟這樣待她……，真是太過份了！」

「……」她無言以對；只覺得內疚，深深的內疚。

志光見她不說話，可又有話說了：「哼，才五歲的小不點兒，就會背誦「唐詩」，這樣的小孩兒，此間少有，好了不起嘍！是不是？是不是？……你說吧，你自己說吧，有了這樣的女娃兒，做父母的是不是很神氣？很光采？是不是？」志光絲毫不放鬆的聲聲逼問著她。

「志光！……」她猛抬首，狠狠的盯了他一眼，隨即將目光掉開了，緩緩的低下頭去，「從前或許是的……，但現在卻什麼都不是……」她欲言又止地，不知該如何說下去才

是。

　　「好啦，好啦，什麼從前現在的！我早就想說你了！也不想想，當今是什麼時代了，還興這種無聊的玩意？那是從前人吃飽沒事幹才做的！可憐我們小芹哪，小小個腦袋瓜，一會兒是華語，一會兒是英文，另一會兒又是算術什麼的，一顆小腦袋都快爆裂開來啦！你還要硬給她來個什麼「古詩」背誦，你想要她的小命啊！？」

　　「志光！這原也是當初你自己說的，」梅吟急急的分辨道：「我們現今也只有靠自己在家裡傳授她華文了，不能再寄望於學校……所以，我這樣做，無非是想讓她多學點東西，包括各方面的……這樣或許有助於她日後能更好地掌握跟閱讀本身的母語文……」

　　「唉，瞧你！說的倒是比唱的好聽！其實這又何必呢？你難道沒聽說將來的學子呀只要約略懂得三、兩千個漢語單字就已足夠了麼？就可算是一個通曉「華語」的人了！更何況是我們小芹，還是在一個純受華文教育的家庭裡長大的，你難道還怕她將來會學不好「華文」？簡直是杞人憂天嘛！」

　　好個「杞人憂天」……！她懊惱的一翻身坐了上來，披衣信步踱到屋外的涼台上。

　　夜空如洗。

　　一面瑤台鏡冷幽幽的懸掛在那……正是：月光如水水如天，……。

　　她禁不住想起來第一回心血來潮時教給小芹的：「牀前明月光，疑是地上霜。舉頭望明月，低頭思故鄉。」

　　當時小芹似懂非懂。什麼「霜」？她壓根底兒就沒機會見過，所以無論如何是無法將「明月光」聯想成「地上霜」

啦！不過，最後兩句裡的"望明月"及"思故鄉"，她總算是有些兒明了；只因她底「阿公、阿婆」就遠離著她在百里之外。然，儘管如此，她還是很快的便將它唸會了。

接著是："春眠不覺曉，處處聞啼鳥。夜來風雨聲，花落知多少？"

小丫頭倒是唸得搖頭擺腦，詩味十足的。

某日，帶她驅車經過某條街道，道的兩旁植滿了一種不知名的開著紅花的樹。誰知一番風雨過後，竟搖落了一地的嫣紅。小芹見狀，不由得脫口唸道：花落知多少？

志光在一旁聽了，乍驚還喜道："嘩！想不到咱家居然出了這麼個「小詩人」！"

從此，她對小芹的信心不免大增。

於是，她又嘗試著教她：《游子吟》，《登鸛雀樓》，以及《尋隱者不遇》等等。一些七言絕句諸如：杜牧的《清明》，韋應物的《滁州西澗》，張繼的《楓橋夜泊》，以及賀知章的《回鄉偶書》等等。

小芹竟也都能朗朗上口。

她在高興之餘，竟幻想著將小芹塑造成一個氣質不凡的雖是"不會作詩亦會吟"的"小小詩人"。

而小芹呢，居然不負她所望，在那短短不到一年的時光裡，竟然學會了背誦近半百首簡易"唐詩"。

一日，友人王氏夫婦來訪。逗著小芹唱首歌給他倆聽。

梅吟在一旁忙道，"小芹，不如唸首詩給叔叔阿姨聽，好麼？就唸那首《過故人莊》好了！"

小芹猶豫了半響，終於在她母親的不斷催促下，唸出了："故人具雞黍，邀我至田家。綠樹村邊合，青山郭外斜。開

軒面場圃，把酒話桑麻。待到重陽日，還來就菊花。”

“哇！好哇！梅吟，想不到你居然還調教出這麼一個出色的「小詩人」！”友人夫婦異口同聲的讚道。

“哪裡！哪裡！你們太過誇獎了！”梅吟一疊聲的謙遜著，到底按不下滿心的喜悅，統統都飛上眉梢頭去了。

豈知那身材略呈肥胖的王太隨後即道：“唉，梅吟，我可真羨慕你！……要是我們小珮啊，有你們小芹的一半聰慧就好囉！哎，我送她去學什麼，她總是學不好，真教人傷透了腦筋！……哦，對了，為啥你不把小芹給送去學拉琴，或是畫畫什麼的……總比留在家裡什麼都不做好，白白糟蹋了……”

“哎，誰知道我們小芹是不是那種料呢？要不是，豈不白花心神，自討苦吃……。”梅吟頗不是味道的接著說。

“嗨，這個妳大可放心，瞧你們小芹這般聰明伶俐的，包管沒問題！我們小珮當初還不是……小孩子哪懂得什麼，大人們要不逼著他學，他就樂得逍遙自在……。至於什麼‘天份’、‘不天份’的，我可不信這一套，最重要的還是靠後天的培養；你要不好好的栽培他，他就根本不能成大器！……”王太太滔滔不絕地。

“哎，我看這個還是等過些時候再說吧！”梅吟無精打采地。

“說的是啊！何必急著一時呢？嗯，我看時候也不早了，我們還是走吧！”王先生急急的丟給太太一個眼色，而後站起身催促著太太離去。

王氏夫婦走了之後。

志光立刻衝著梅吟大發牢騷：“你看看你！儘教小孩一

些‘老古董’的玩意讓人來笑話！你以為人家就懂得欣賞呀？表面上是在讚美你，其實緊接在後頭的還不是在挖苦！誰知妳就那麼死心眼的……哎！要是妳當初肯聽我的，讓小芹去學一些比較實際點的東西，譬如說‘電腦’什麼的啊，嘿，那時節啊，你就等著看看人家怎麼說吧！說不定啊，他們又得趕緊將孩子送去學‘電腦’哩！趕時髦嘛，嘻！”志光說著，嘴角泛起一抹譏諷的笑。

“哦？難道你就不趕時髦？”梅吟瞪了他一眼，沒好氣地。

“我？哈！你可別忘了我本身就是搞這一行的，讓自己的孩子學學有關這方面的東西原是極合情理的……。再說，‘電腦’這一門還是當今最吃得開的呢！”志光說。

“吃得開又如何？這還得看我們小芹有沒興趣呢！”梅吟一盆冷水潑過去。

“說到興趣，哈，我倒想知道小芹她對於‘唸詩’的興趣又有多少？”志光反問道。

“假若她沒這方面的興趣的話，又怎會有今天這樣的成績呢？”梅吟緊接著說。

“哎，梅吟，我不想再同你爭論下去了！”志光無奈地嘆了一口氣：“不過，有一點妳該明白的是小芹她就快唸小學了。我們不是早就說好的讓她進英校讀的麼？要讀英校，英文不先搞好怎行？我看你有空的話還是多教她一點英文吧！至於‘講’這方面，大不了就請個‘補習老師’來專教她英語會話吧！”

“志光！……我想來想去，還是覺得讓她先進‘華小’再說吧！”

　　“什麼？當初最先提議讓她讀英校的是妳，現在不讓她讀英校的也是妳！”志光暴跳道：“我真不明白，妳到底想搞些什麼？”

　　“志光，你聽我說，”梅吟耐著性子答道：“我只是覺得趁現在還有‘華小’可唸就讓她唸吧，以後就再也沒這個機會了！再說，現在的‘華小’，英語跟華語可是並重的呢！這樣一來，不單能學好華文第一語文，就連英文也不至會差到哪裡去，豈不是一舉兩得！”

　　“梅吟，我勸你還是別太感情用事了！我很明白妳現在的心境；但是，妳可曾想到像那樣子不全是中又不全是西的教法，教出來的學生會是什麼樣子的呢？哎，梅吟，妳、我可都是過來人，咱倆都是‘華校’出身的，出來之後吃過多少的苦頭？妳可曾細數過，抑或妳早已將它給淡忘？妳還記不記得那一年，就因了自己的‘英語’水平不夠，在外讀書受盡了洋鬼子的‘羞辱’，那種痛不欲生的情景……”

　　“志光！請你別再說了！我沒忘記！我永遠都不會忘記！”梅吟近乎歇斯底裡地，“我真痛恨我自己，為什麼要跑到那種鬼地方去受盡洋罪！”

　　“好了，梅吟，事過境遷，我看你也不須再為此事難過了！”志光反勸道：“重要的是 —— 我們必須從中吸取一點教訓，譬如說，不要再讓自己的下一代重蹈覆轍，讓他們再一次身受其苦……你說是不是？更何況你自己當初也曾這麼「發誓」過 —— 將來決不讓孩子跟自己一樣步上同一條錯誤的路！”

　　“志光……，你也覺得我們以往所走的路是錯的麼？難道說我們身為華族接受自己的母語教育竟是一種錯誤？！”

梅吟望著志光，內心是一片迷茫。

"唉，不管怎麼說，事實擺在眼前，由不得你、我不承認……這若在十幾二十年前的情形可能又不一樣，但是在那之後，'華教'的日趨沒落，以迄今日的這種'形同虛設'的地步……梅吟，這也是大家有目共睹的！並非是我們這群身受'華教'的家長自甘放棄支持'母語'教育，而是出自逼不得已的呀！……"志光說到最後總算剖露了其內心深處的一點痛心，亦是無奈！

梅吟默然。

此正所謂的"大勢已去"，多說亦無濟於事！唯一能做的或者就是該採取什麼樣的"補救"辦法了。

卻說從這日起，志光似乎不再"嘮叨"什麼；而梅吟麼，她也樂得耳根又恢復清靜。每當自己空閒下來的時刻，她仍不忘拿起"唐詩"繼續教小芹誦讀。

然而"好景不常"，新近，小芹對於唸詩的熱忱似乎減了許多！不再似剛開始時那樣子的有勁了！

一日，她居然向梅吟提了這麼一個問題："為什麼要唸詩？唸詩來幹什麼？"真教梅吟有口難答！

可卻怎麼也沒想到會有這麼的一天，當梅吟令小芹拿來"唐詩"朗讀給她聽時，小芹她居然這麼一口氣回絕了："我根本就不喜歡唸什麼詩！你為什麼一定要我唸？我才不唸呢！我只喜歡唸英文，英文更好唸……"

小芹一語未畢，梅吟早已一大巴掌劈了過去……

驀地，一只溫熱的大手輕輕落在她那有點瘦削的肩膀上。她訝然回首，"啊！？是你……！"

"梅吟！別想得太多了！"志光報以她溫馨的一笑，

“我會與你站在同一陣線上的，為咱‘母語’教育共同努力、奮鬥⋯⋯。我們又怎能讓自己的下一代被人給恥笑為無根的一代呢？”

1984 年 4 月 24 日刊登于
聯合早報《星雲》版

移　民

　　朵朵白雲飛向我的故鄉，青山重重樵聲嘹亮，看那東方鮮紅的朝霞，歌唱我的故鄉。朵朵白雲……

　　已經好久好久不曾哼唱這首歌了！

　　侯南生一手扶著駕駛盤，另一只手則輕擱在大腿之上，一上一下的在為口中哼出來的曲子伴和著拍子。

　　這已是幾十年前流行的一首老歌了。曲調輕快明朗，且富節奏感。南生早在小學的時代就把它給唱熟，就此深深的刻印在腦海之中。後來，上了中學，功課漸趨繁重，就少唱了。然而，卻還是深深的喜愛著它！去國之後，有一陣子，思家思得厲害，又把它給唱起來了。直到歸來，為了工作，為了建立自身的事業，竟然忙到什麼都忘了！再也沒有多餘的閒暇時間去想過去，想過去愛哼愛唱的那首歌了。一切盡都為現實的生活所佔滿！

　　如今，總算由這繁忙的現實狹縫裡擠身出來了。他不由得大大地透了一口氣。

　　早在個把月前，當新加坡移民局正式批准他所請，讓他歸化為新公民時，從那一刻開始，他與“出生地”（在身份上）即一刀兩斷！本來，這應是件值得高興的事才是；只因他並不須像其他許多人那樣，花很長的時間去等待它（指申請歸化為新公民一事）成為事實。然而，不知怎地，他卻是

怎麼也高興不起來！兒時、少時跟"出生地"的種種……此
刻又都一古腦兒的湧進腦海裡來了。他於是迫切的思念起那
兒底一切一切來……這是自他離開家鄉達二十年來所從未有
過的一種難以言喻的感受，那樣子就有如生離死別……他不
明白何以有某些人竟能毫無牽掛地割捨？！……

　　他對祥珍，他底妻說他想暫時離開這個海島，到外地去
走一趟散散心。

　　祥珍聽了立即笑眯著兩只鳳目，說，"這真是個好主意
啊！我們已經好久沒出去了，我真快悶瘋了呢？嗯……照你
看，我們應該去哪個地方好？去印尼嗎，聽說那裡的交通落
後得很，還是不去為妙！去泰國嘛，倒是蠻有情調的，只是
那個地方……聽說又髒又熱，噢，對了，我們何不去一個地
方……嗯，什麼地方？你猜猜看？"祥珍故作神祕地朝他笑
笑。

　　"什麼地方？"南生不耐煩地蹙起了兩道濃眉，不想去
猜也不願猜。瞎猜個什麼勁嘛，女人永遠就是這般的無聊！
他想。

　　"南生 ── "祥珍不依地撒了一聲嬌，"我們結婚才多
久？哼，你這麼快就忘了 ── 我們的蜜月旅行……"

　　"哦 ── ！"南生淡淡地"哦"了一聲，"都快十一年
了呢！"他實在很佩服老婆底記憶力；尤其是在一些瑣瑣細
細小小的事件上。他永遠都無法和她匹比的。

　　他一下子陷入了回憶之中……

　　那一年，他在新加坡讀完了大學之後，為了更上層樓，
千里迢迢的又跑到英格蘭島上去進修。

　　他在大學的時候，原本就有了一個相好的女同學名叫冷

秀若的。秀若唸的是中文系。人長得瘦瘦高高，皮膚白皙。頭髮不層燙過，烏麻麻油亮亮的；但卻未曾想過要將它蓄長，只讓它蓋到雪白的長頸底下而已。南生為此覺得很可惜，他是多麼希望她的青絲能夠留長啊！在那微風裡飄呀飄的，多麼詩意！但秀若卻說"人各有志"，總不能一窩蜂的去學什麼"詩意"。還有，秀若的那對黑而大底眸很不幸的卻為一層厚厚的鏡片所擋隔！設若她不戴上那副四四方方的黑框鏡片兒那該有多美好！南生常這樣想。可秀若卻若無其事的道："此乃是得自我爸、媽遺傳呀！人總不能一生都盼望樣樣事情盡都完好無缺的呀！"

說的也是，他覺得自己此生能遇上這麼個獨特的"好"女孩，再也沒什麼好"遺憾"的了！秀若說她畢業以後最大的願望是當個好老師，為傳播"中華文化"而努力。可惜天妒英才，秀若執起教鞭才僅僅一年有餘，就這麼地片語也不留的走了！壯志未酬……還有什麼比這個更加令人感到遺憾的呢！其時，他正好在英格蘭島上的一間大學裡修讀"博士"學位，才剛開始第一年呢，聽到這突如其來的消息，幾乎唸不下去了，可是一想起秀若生前所說的："人總不能一生都盼望樣樣事情盡都完美無缺……"乃化悲痛為力量，但心靈上的空虛到底是免不了的，就在這個時候，朱祥珍就像是一枚溫暖的冬陽投照到他身上，令他無以抗拒……。

祥珍乃是來自中馬的一個望族人家。其父早年是作錫礦業起家的。後來又改作出入口生意。家裡有的是錢。五個兄弟姐妹除了她大哥留下來幫她父親照料生意外，其餘盡都送出洋了。二哥在美洲大陸，三哥原本也是在美求學的，學成歸來之後，在馬稍作逗留，新近終於移民去了澳洲。大姐祥

珠（即老四）就在英格蘭南部一個小市鎮的公立醫院裡當護士（聽說已升作護士長了。）。早期，星馬一帶曾有許多由英校考護"七號"文憑的女學生爭相申請赴英參加護士訓練課程，祥珠就是其中之一；在英格蘭島上挨了幾年苦寒，總算熬出頭來，可卻下嫁給了當地的一名水手，從此不再回頭了！還好她父母親大人有的是大把金子，在倫敦郊區買下了一幢房屋，想念女兒時就到那兒避避暑去，藉此以會會女兒跟孫子，不亦樂乎！

　　祥珍運氣可比她姐姐好多了，到底沒步上其姐的後塵，在家鄉考獲七號文憑以後，就逕直飛英從八號班唸起，一路順順當當的唸到了大學。認識南生的時候，她也已在英中部×大唸經濟系二年級了。

　　一日，祥珍獨自一人在宿舍的地下層洗衣室內沖洗著積壓了一個星期的髒衣服，誰知一人忽然冒冒失失的闖了進來！這人一頭亂髮蓬鬆，滿臉胡髭，一副不修邊幅的樣子。彷彿在那兒見過似的，噢，對了，好像是在宿舍的餐廳裡頭打過幾次照面，可卻誰也沒招呼過誰一聲。只見他手裡拿了一件白襯衫，一條黑長褲……祥珍一眼就看出他是來燙衣服的，燙衣板明明就擺在那兒，可是他卻彷彿什麼也不見似的，獨在那一小方塊裡團團轉，急紅了一張關公臉！祥珍在一旁瞧了忍不住"噗哧"一聲笑將出來！他待落荒而逃，卻又被她在後邊給逮住了，"你要燙衣服啊？衣板就在那！"順著她的纖纖玉手一指，那塊東西果然由著牆腳處活生生的躍了出來！他更加的狼狽了。把衣服攤在板上，卻又不知該從何處著手，還把衣胸給燙焦了一大塊。祥珍看不過，一把搶過他手裡的熨斗，三、兩下的就將它給搞妥了。他跟她－就是

那樣子開始的……毫無羅曼蒂克可言。

他倆相識才不過一年，次年就結婚了。現在想起來真是有點兒操之過急了。不過，以南生當時的"情況"來說，卻是一點兒也不急呢！他急需要一個人來陪他、關照他，填補他那顆空虛得幾至發狂底心！

自結識南生以後，祥珍幾乎日日都到南生的住處陪他。其時，南生並不住在學校的宿舍裡，而是在外邊向人租一小間房住的，租金可比宿舍便宜多了，便宜將近一半呢！房東是位巴基斯坦人；巴基斯坦人移民去那兒的可真不少，一般上他們都很刻苦耐勞，而且省吃儉用，把省下來的錢去買那一幢又一幢的屋宇，然後分租給人家。他們大多屬未婚的中年男子，在異鄉辛勤的工作了一段日子，待有了"老婆本"，即匆匆趕返家鄉去娶個老婆回來好共相廝守，以渡過那漫長寂寞的"移民"歲月。這些寂寞的單身漢對由東方來的華族女子似乎特別感興趣；記得有一回，祥珍獨自從宿舍步行去找南生，半路忽然殺出個巴基斯坦佬來緊緊的尾隨在她後頭，那時，天空業已灰暗下來了，嚇得祥珍拔足就跑，連往後看的勇氣都沒有，待跑至南生的住處，整個人一團爛泥也似的軟癱在地……

南生此刻回想起來，猶覺好笑！

"喂，你笑什麼？神經兮兮的！"沒想到他的這一微牽嘴角，竟然讓坐在一旁的老婆給瞧在眼裡。女人的"觀察力"之強，實在叫人吃驚呢！

"哦，沒什麼。"南生想不說，卻又懼於老婆的"多心症"，多一事不如少一事，還是從實說了，"珍妮（珍妮是祥珍的洋名，她習慣了別人這麼稱呼她的。），你還記不記

得，那一回你在半路上被人窮跟踪的事？」

「怎不記得？」祥珍白了他一眼；從前的那一粧事（她與他之間的……）她會不記得？「哼，還不是為了捨命陪君子給害的！」祥珍恨聲的道。

「哦……對不起，老婆大人請恕罪……」南生連忙賠不是。在這節骨眼上，凡事都得忍讓著點，免得破壞了千辛萬苦爭取到的「返鄉」之行。

「哼，還說呢，叫你陪我去一趟歐洲都不肯！」祥珍依然恨得牙癢癢的。

「下一回總有機會的嘛！況且，馬來西亞也有許多地方你沒走過……」

「哼，馬來西亞，馬來西亞有什麼地方好玩的？……像你這種大忙人，幾時才會輪到下一回呢？」祥珍略帶譏諷地。

「哦，對了，珍妮！你三哥最近還有沒有信來？」南生聽她這麼嘮嘮叨叨的，怕沒個了結，連忙轉移話題。

「我不知道……也許，我媽那兒會有他的信。」一提起她三哥，祥珍立刻顯得無精打采的。

南生還記得祥珍三哥一家子三口人初初移往澳洲的那一陣，真可謂是意氣風發，封封來信都讓人感受到他底得意與順遂。例如剛抵澳的時候，他的來信是這麼寫的：我們已在悉尼安定下來了！悉尼很大、很美。還有這裡的人們，不論男女老幼都很和氣，很友善，令人置身其間有如沐春風的感覺……。

此外，又有一封是這樣寫道：我們生活得很平靜、舒適……。我按時上、下班，少煩惱！……我們已經有了自己的新房子；占地約八千平方呎，屋身的面積約為二千五百平

方呎，比起你們在新加坡的那所房要大多了！價格也不貴到如何，嘿，羨慕吧？說真的，阿珍（信是寫給祥珍的），你們也可以試著找個機會搬到這兒來住……這裡的環境實在很不錯，沒有什麼壓迫感。找個機會來看看，你就知道了！

這之後，祥珍逢人說到她三哥，就豎起根拇指頭來稱讚他眼光獨具，選了這麼個"好"的地方作為"終老"的所在。

"哦，對了，珍妮，你不是經常提起要到你三哥那兒去看看麼？下回找個機會去吧！"南生討好似的望著身邊的她。

"哼，少說風涼話了！在這個時候你還來說這種話……"祥珍氣呼呼地。

經妻子這麼一數落，南生猛然記起了幾個星期前的一個晚上，岳母大人突然老遠的打電話來要找祥珍說話。其時，祥珍剛好睡熟了，南生不便叫醒她，便逕自對岳母大人說，"媽，您有什麼要緊的事麼？或許我可以替您轉告她……阿珍她已經睡著了！"

"唉，好吧，阿生，你就這麼告訴她，嗯……就說她三哥最近……唉，最近情況不大好，好像……聽說沒事情做了！不知怎麼樣……很久都沒寫信回來……我惦得很呢！哦，對了，你就跟她說這些都是我聽人說的……叫她趕緊寫封信去勸勸他，嗯，叫他還是回來吧！……阿珍自小就跟她三哥很合得來，他一定會聽她的，嗯，你就照著我的話說吧！千萬要記住喔！"岳母大人一再的囑咐著。

"知道了，媽，您放心吧！"南生擱下聽筒；想起祥珍三哥當初的意氣風發，想起他捎來過的每一封信……，想起……內心的激蕩，久久無以平息。

　　當他將岳母大人的意思告訴給祥珍知道時，不料祥珍卻說，“唉，媽這人也真是的，也不替三哥想想，他臨走時把所有值錢的東西包括房子全都賣了，所有的親戚也都知道了……叫他回來？要叫他把臉往哪兒放？再說三哥這人的脾氣我是最清楚不過了，就算逼死他，他也不會回來的！”

　　南生默然。

　　不知怎地，這一刻，他忽然想起了自己的老父……

　　老父跟他，同樣的都是少壯時候就離開家鄉的。所不同的是南生當初是為了“求知”與“擴大視野”才到處流浪；而老父呢則是為了“避難”，同時也是為了生活，才毅然離開家鄉。南生是在戰後一年才出世的，自然無法了解，更無從想像老父出生的那個年代古中國的窮與亂。老父也曾向他訴說當年在中國所經歷的種種，以及那一段令人心驚膽跳的“走土匪”（逃避土匪）的故事。那些個事跡在南生聽來就仿如“傳奇故事”般教人難以置信。但卻又教他不能不信！只因老父他從此下定決心不再踏上那海棠葉狀的鄉土半步！沒想到苦難的過去換來的卻是日後無窮盡的深惡痛絕……這是生長在國泰民安中的南生這一代所無從體會到的。這正如日據時代日軍在新加坡一帶的大檢舉與大屠殺，並不曾給戰後出生的這一代帶來任何心理上或者思想上的“不平衡”一般；他們頂多是聽了心裡頭激憤一陣，過後也就似過眼雲煙，很快地就淡忘了。當然，豐足的現代物質生活就好比是隻麻醉劑，它足以令一個人將過去的種種不幸連根拔起，統統忘卻！

　　想當初，南生還以為是他爹生性節儉，捨不得花那幾個錢回“老家”走一趟，於是乎勸道：“爹，別再心疼那幾個

錢了！我又不是沒錢給您買機票，足夠您來回好幾趟呢！您放心吧！……說不定日後有機會的話，我也想去看看呢！"南生說著，情不自禁的在腦海裡鈎勒出一幅幅美麗的山水畫來……整片海棠葉對他來說就是一幅絕佳的潑墨山水！然……更為吸引他的恐怕還是那一片海棠葉的脈絡，是與他息息相關著的 —— 那是他體內所流奔著底血液底根源處啊！

那知老父卻執拗的道："哼，那種地方有什麼值得看的？我不愛去！你也不用多講了！"

想祥珍三哥，還有自己的老父，同樣的是"誓死不歸"，不過，前者可說是"無顏以見江東父老"，故不肯輕易言歸！而後者麼，則是由於昔日在心靈上所刻劃下的創傷始終難以癒合，故對那塊海棠葉狀的土地始終缺乏信心，不存好感。然，儘管二人懷抱著兩種截然不同的"心境"，可卻一樣的都是"絕情"哪！

在這世上，"絕情"的人何其多……想想他自己又何嘗不是？說什麼是為了追求心目中的理想，說什麼是為了那更美好的將來，說什麼是為了……總之，這都是"移民"們一貫的說詞，且代代相傳，很順理成章似的。可憐的是默默地孕育著他們成長的那塊土地唷！眼看著他們的翅膀上的羽毛豐了，又硬了，跟著就"嗖"地一聲飛了！從此海闊天空任鳥飛，再也不肯回頭望一望！

南生記得他爹說過的："那些聰明的鳥，越飛就越遠；只有那些笨鳥，飛不動，才留下來。"這似乎是近一代"移民"的寫照 —— 是少有幾只聰明的鳥兒會留下來作"捐軀、拋頭顱"這等傻事的。

南生不知道自己是否屬於他爹所說的那種聰明的鳥？還

記得在英格蘭島上修完博士學位以後，他與祥珍差些兒就申請移民赴加拿大另創一番新天地了，結果還是娘的一場重病將他倆給拉回來了。

回來以後。娘即以健康為由，說什麼再也不肯放他出去。

南生無奈，只得留下。所謂"父母在，不遠游"。他畢竟是候家的長子啊！更遠走高飛不得。

不過，其後，為了工作，為了更美好的"前途"，他最終還是流落到這離母親的懷抱（出生地）僅一衣帶水之隔的海島國來！

沒想到在這島上一擔待，竟又十幾個年頭飛逝！

每當晨起，對鏡梳洗，無意中察覺兩鬢竟已微微泛白，一顆心頓覺空蕩蕩的，無個著落……恍惚中就好似自己是置身於一葉扁舟之上，手裡操持著槳兒，卻又不知該駛向何方？歸程是一片渺渺……

一日，乍聽得小嬡與小文姐弟倆在書房裡煞有其事的在朗讀著什麼 —— "我們是新加坡公民，誓願不分種族，言語，宗教，團結一致，建設公平正等的民主社會……"

他忍不住超前去一把抓住小姐弟倆問："是誰教你們這個的？"

"咦 —— 爸，你不知道啊？是學校嘛！我們在學校每天都要參加升旗禮的，講的就是這些東西……"剛唸小一的小嬡搶先答道。

"是啊！爸真是土包子，什麼都不知道！嘻……"跟著姐姐到同一間學校唸啟蒙班的小文卻笑話起他老子來。

"哦，對了，你們能不能告訴爸爸，你們到底是什麼地方人？"不知怎地，南生忽然想到了這麼一個"嚴肅"的問

題。

"哈,爸,怎麼你連這個都不知道啊?我們當然是新加坡人啦!"姊弟倆異口同聲的道。"我們本來就在這裡出生的嘛!"最後還刻意的加了這麼一句。

"可是……爸跟媽都不是,"南生內心一陣悸動,"你們又怎會是……"

真想不到小嬿跟小文這麼快就懂事了!……他實在沒來由讓他倆跟著自己這樣"流落"一輩子的,他應盡快的為這兩株幼苗尋求一個落根之處才是,讓它們把根扎得既穩且深……

四月的南國底天空是一片深不可測的藍,竟無一片雲彩。

南生斜倚在一株老橡樹幹上,仰望天空,心裡不由得一陣納悶;那些流浪的雲此刻卻都流到何方去了?

記得從前有個時候,他幫著爹做地;做累了,也是像現在這樣,找著一棵樹背歇著,一邊提著茶壺猛灌那苦澀的茶,一邊就仰望天際底浮雲,瞧它們悠然自在的,心中好生羨慕……真盼望自己有朝一日也能像它們那樣,自由自在、無拘無束的任意飄流……

"咦——阿生!你……怎站在這……在想什麼?"不知何時,老父突然出現在他的眼前;已經是七十來歲的大把年紀了,可是依然不認老,仍然日日堅持著到芭地走一趟!祥珍說他老人家是有福不會享,可不是?又不是三餐沒著落;算算他的那些地,足足就有三、四十依葛之多!稱得上是個"小地主"了,還要這般做死拼活的,真叫人想不通!

南生怔怔的打量著老父,發覺老父真個是老了!前些時候見著他,發覺他頭頂上下著一點一滴的霜,沒想到這會子

忽然全都是雪了！雪不單只下在他頭頂上，還下在他那兩道粗濃的眉，以及剃刀刮不盡粗短的髭上了。還有他的背，似乎更為駝了，叫人想起那由雜貨鋪裡買回來的又老又干底老虾米……

“阿生 —— 咳咳……”老父一再聲音低啞的呼喚著他。

“啊？！…爹，快過來這裡歇會吧！”南生一下子回過神來，慌忙過來攙扶老父。

“不，我不累……硬骨頭，做慣了的！”老父逞強的搖搖頭，推開他的手，“阿生……，你同阿珍……沒什麼吧？”老父以詢問的目光看著他，“伊是富貴人家出身，好歹也是你當初自己愛上的，做夫妻都做了這些年了，凡事就忍讓著點吧！唉 —— ”

“爹！我們……我們沒什麼的！”南生急急解釋道：“我們這回是出來旅行的。經過咱厝（家），就想著要返來看看，一邊也想自個清淨一下……於是就叫阿珍自己先帶孩子們北上了！……”

“哦 —— ！”老父繃緊著的面剎那間鬆懈了，“沒事最好。阿珍其實也該回伊厝去住幾天的……你們一年難得返來一次，唉！……養仔養大了就是這般樣啦，像你們幾兄弟，還不都這樣，當今一個在東，一個在西……說不定哪天我老去了，爛在厝內都無人知曉哩！……”言罷不勝感傷。

南生這下可慌了，“爹，您可千萬莫要這般講啊，您還可以吃過百歲呢……”

“唉，沒辦法啦……這是命啊！”老父搖搖頭，“想我老父、老母，伊在唐山過世時，我同你大伯還不都在番邦……”

　　"爹！那您……可以趁現在回去看看啊！阿公,阿媽(祖母)地底下有知的話,該會很歡喜的……"南生趁機勸道。

　　"不啦,我人都老到快躺下去了,還行得去麼?"老父一口氣拒絕他的美意。

　　南生無奈。他很明白老父是絕不輕易改變自己的想法的。

　　空氣頓時在父子倆之間凝結住了!……

　　好一會子,南生才無比艱澀的接下去說:"爹,既然是這樣,那……您就搬到城裡來同我們一塊住吧,好歹有個照應……"

　　"啊,不啦,"老父一顆頭搖得似撥浪鼓般,"我哪裡都不愛去,還是在這裡好……"

　　"爹！您莫不是丟不下這兒的一切吧……"南生試探著問,"其實,那些地您何以交給阿炳跟阿坤他們去管嘛!"

　　"阿生！這個你不會明白的,"老父說,"這些地對我來說,並不是很重要,況且,它遲早都是屬你們幾兄弟的……我還有什麼放心不下呢?問題是……我過不慣你們城裡的生活;上回我去過吉隆坡阿坤的厝,住不到兩日就跑回來了!那一間間的厝,說是給人住的,倒不如說是給畜牲住的,間間門外都有鐵門圍著,那不是畜牲住的箱籠又是什麼?……"

　　"爹！這……怎會呢?"南生有點啼笑皆非地,"這麼多年來,我們在城裡不是住得頂好的嗎?從來就沒您所說的那樣……那種感覺,而且,城裡的生活比起這兒來,要舒服多啦,要什麼就有什麼,便利得很!"

　　"阿生……,我老啦!"老父說著嘆了口氣,"不像你們少年人那樣,適應力強;再說……你們當今也已經是過慣

那種日子，要叫你們回來，也不是同樣地不可能麼？……

　　"爹 ── 您……怎地這般說呢？"南生不勝驚異地看著老父。

　　"唉，阿生！"老父又嘆了一口氣，"你也無須多講了，我知你心內是怎麼想的……你要返來的話也早該返來了！只是……這裡的生活未見得就適合你……人往高處爬，這是一定的，只要你內心常存著你做囝仔時住過的這個所在，還有我這個老父……就夠了！……"

　　"爹！您……"南生激動的去握住老父那雙乾瘦底手，想說什麼，卻是一句也說不上來。

　　又是上路的時候。

　　南生不勝依依的對著老父，"爹，我會時常回來看您的。"

　　冷不防一陣風拂面吹過，老父舉起一只手護繞在耳邊，大聲的朝著南生嚷嚷："啊？ ── 你說什麼？"

　　南生忽然覺得自己的那一句話就像這一陣風，吹過了就沒了，他不忍心老父過於失望，遂又改口說道，"爹，請您多多保重……"

　　　　　　　　　1984 年 6 月份刊登于
　　　　　　　　　聯合早報《星雲》版

幸福以外的

　　我拉著秀玉底手，像牽著個小女孩兒似的，急急匆匆的穿過那熙熙攘攘底人群，人群中還時不時投射過來一、兩道怪異的目光，它們是朝向秀玉那張又是紅又是白，又是藍又是綠的花旦似的臉上底，害得我渾身都不自在起來，臉上自是一陣辣辣的難受。我不由得的加速了步伐，往搭客候機室那個方向奔去。秀玉也因而被我拖拉得有些兒跟跟蹌蹌起來。

　　待行近那一道「送客止步」的關卡，我機械似的煞住了腳步，順手將秀玉朝前推送一步，而後將手提的那口小小隨身旅行箱交了給她，並在她底身旁悄聲道：「不能再送了，妳自己進去吧，一切要小心！」她默默的接過了它，什麼也沒說，連回過臉來望一下都沒，就這麼直挺挺的行入了去。記得大前年，差不多是這個時候，也是像這樣子，我送她「回國」（她自己的老家）去養身子時，臨進去之前，她還依依不捨的同我話別：「我不在家，你可要好好的照顧自己哦，我很快就會回來的！」一番話說得我鼻頭都有點酸楚起來。可是這一回，她卻是什麼也不留的，就這般靜靜的走了！怎不叫我……

　　秀玉，哦，秀玉！……一簾水幕在我底眼前冉冉升起，秀玉就此被我隔在水簾之外，千重萬重……

　　朦朦朧朧中，我彷彿又回到了做大學生的那個時代去。

那時，我們是一群被目為「嚮往祖國自由生活以及綺麗山川」而紛紛申請回國升學的僑生。其中更有一些可以說是「醉翁之意不在酒」，而是聽說那裡的姑娘貌美如花，專程回去一睹美人風采的公子哥兒們。也就因此，我們這些所謂「僑生」就被當地人，特別是在校的「本地生」形容為一群「格老子有幾個錢，不求上進的油頭粉面花花公子」。真是一根竹竿打翻一船人，冤枉至極！不過，在當時的情形確是如此，容不得我們一些少數的在籍僑生為自己的「清白」申辯一、二。當時我所就讀的那家大專座落在北市，乃是那島上最負盛名的一所大學。在這四年裡，我所選讀的科系又是工程科，是為清一色的「和尚班」。在某些和尚班裡幸運的有一、兩朵「牡丹」出現的話，既使是醜八怪，也即被捧為班上之寶，稀奇到不得了，立刻成為眾和尚所追獵的對象。因此有大半的人在加入這個和尚集團以後就迫不及待的向外發展了。然而，以我當時那種木訥、害羞，見著女孩子就不知所措的德性，交女朋友自然是免談了。所以，眼看看四年的時間一閃即過，而我仍然是形單影隻，孤家寡人一個；而與我同時來的那些同伴，一個個都有了豐碩的戰果，成雙成對的離去，我唯有望之興嘆的份。

可想不到的是在第四年，在我即將離去的那一個盛夏。暑期裡，學校裡新開了一門有關「電腦學」的課，這在當時是一門頗為新鮮、實用的課程，我於是便豪不猶疑的留下來了。

在那個暑假裡，我幾乎每個下午都在「電腦室」裡渡過。就這樣，我差不多天天都有機會見到那個有著一頭黑直髮絲及肩，髮梢微微往外翹，膚色略呈棕褐，單眼皮，小而俏尖

的鼻，不算薄但弧線完好底嘴；這一切雖夠不上標準美人的
典型，然看上去卻是那般的清麗脫俗，且沒有一般學府裡那
些娘們的氣焰與架勢，這就愈加的難得了。她，就是在這電
腦中心裡頭專門負責整理資料的小姐，以後我才知她姓白，
芳名喚秀玉，家住在南部。

　　那天，也許是我一時的心血來潮，在臨離去的時刻，看
看偌大一個電腦室裡頭顯得空蕩蕩的，只剩下我，還有猶在
那埋頭收拾桌面的她。於是不知打那兒來的勇氣。我壯著膽
走到她面前，小心翼翼地說：「喂，小姐，可否請教一下貴
姓大名呵？」「啊 ── ？」她猛地抬頭，不勝驚愕的瞪著我，
好老半天。顯然，我底一舉一動太使她意外了。

　　「哦，對不起，我……我只是想請問一下妳叫什麼名字，
以後，呃，以後好招呼呵，免得一天到晚老是小姐長小姐短
的，沒名沒姓，很不好叫！呵，對了，我……」我抓抓頭，
還是先介紹一下自己吧，「我就叫高大山，高大的高，大
山……嘿嘿，從這兒望出去就是，」我順手指向窗外那一列
環繞著我們大學底蒼翠欲滴的山脈。「我的朋友們都管我叫
高佬……。」「嘻嘻 ── ！」她噗嗤一聲笑了。我竟被她笑
得有點莫明其妙地臉熱起來，站在那兒正不知如何是好之
際，所幸她終啟開金口了：「啊，對不起，我只是覺得你的
姓……跟你的人倒很相符……，」一句話又說得我面熱起來。
「我姓白，你就叫我白秀玉好了！」她爽朗地。「哈！妳姓
白 ── 剛好相反啊，嘻……真妙！」秀玉迅速地把頭埋下，
不再理會我。我這才知道自己一時失言，在小姐面前開這種
玩笑是萬萬使不得的，可我卻犯了這個大忌，想挽救已來不
及。「呃……呃，白小姐，請妳原諒我一時不小心說錯話吧，

我……我……啊,這樣好啦,今晚我請妳去『牛肉麵大王』,算是給小姐賠罪,妳看這樣子行麼?」我低聲下氣地近乎哀求。「好吧,高先生,誰叫我說錯話在先呢!」秀玉無奈地搖了搖頭,「從現在起,咱們的帳一筆勾銷啦!」那晚,那牛肉麵的味道似乎要比平時好了許多。秀玉也陪我吃得津津有味。

想不到呵,真想不到,月老竟然安排我在這四年裡的最後一刻,讓我邂逅了秀玉,可惜我們彼此相識的時間畢竟太匆促了,僅僅短短的兩、三個月。當我結束了那電腦課程之後,返鄉之念便一日強似一日,使我無法在這島上繼續再逗留下去。可是另外一邊,秀玉同我之間底感情恰似那溫度計般一直線上升,大家都有難分難捨之勢。最後還是由我想出一個折衷的辦法:那就是讓我先回去謀得一職之後,再前來迎她。秀玉終於點首同意。臨行之前,我還陪同她到南部拜訪過她家人。白伯父及白伯母對我底印象似乎都很不惡。我還見著秀玉的一個弟弟跟妹妹。秀玉排行老二,而小妹麗玉跟她長得頗酷似。輪為老么。只有她大哥,聽說那天剛巧有事外出去了。沒見到這位我未來的大舅子,我並不引以為憾,因為秀玉他們一家人看來是那般的可藹可親,料她大哥未必會差到那兒去。

回來以後。我即著手四處尋求工作,以期在最短的時間內能搞妥一切,這樣我與秀玉就可免除那煎熬人的相思之苦了。對於我倆的事,爸媽在表面上雖不表反對,然私底下仍覺得我未免太自作主張了,而且決定得過於匆促,沒先打聽好對方的家世一切……。還有一點令父母親大人不能滿意的是秀玉不會說我們的家鄉話。對於這一切切,我認為那都是

小到不能再小的問題。父母親大人的過慮未免太多餘了。可不是麼？秀玉那頭倘且對我們這方的家世都不在意，她以及她家人是這般地信賴我，為什麼我就不能全心全意地相信她？至於她會不會說我們的家鄉話，那更不是問題了。不知是誰說過這麼一句至理名言：在熱戀中的男女往往都是盲目的。我無法推翻這句名言，但卻覺得：倘若這些愛戀中的男女都是明睜著一雙眼，理智到要用顯微鏡去互窺對方的一切切的話，那，這世上十對中恐怕要有九點九對的男女無法結合在一塊了！有時，我很悲觀的覺得：婚姻的幸與不幸福似乎是命中注定。只因有些造成婚姻不幸的因素根本是你我本身所無法預測的。

　　五個月後。我終帶著一顆興奮底心，還有一筆巨款前去迎娶秀玉。怪不得人家都說：要想娶一個「T島姑娘」做老婆，就非得要有一番好犧牲不可！包括各方面。出乎意料之外的，秀玉的父母只向我要了當地的錢兩萬塊充當聘金。除此，就是千叮萬囑的要我好好對待秀玉。而我的一個朋友，也是娶「T島老婆」的，他的岳父母竟向他索取了四萬塊！我們於是就在那邊公證結婚，並延請了秀玉家的一些親戚朋友。然後我就帶著秀玉回來了。有一件事使我納罕的是我始終沒機會見著秀玉底大哥。我們結婚的時候，那麼個重要的日子，而白家的人卻告訴我說她大哥有事到外地去了，無法參加我們的婚禮。我當然只有算啦！

　　婚後。我們還是暫時居住在老家，跟爸媽他們在一塊。我的工作是屬於流動性質的，一會兒東，一會兒西，一時根本無法在外組織小家庭。一向來我都是住公家的宿舍。一個星期才抽空回去一趟。偶爾，我也接秀玉出來那麼一次半次

的讓她解解悶。我知道她在家裡是挺悶的，與眾人又無話可說。生活習慣又一時改變不過來，這邊那邊的難免會碰著不順心的事。可是我總覺得她初來乍到，住在家裡多少有個照應，好歹強過隨我在外東流西盪的。最初，每逢周末回家的時節，我總拉著她問她在家的日子過得可好。我確實怕她對這兒的生活一時適應不來，會悶壞的。然而她總是默不答話，眉宇間隱約呈現著股淡淡的愁鬱。我見她老不說，也就罷了。我這人的脾氣是這樣的：你不說，我便當你是沒事，絕不多問。對女孩子，我既不會溫存，亦不會獻殷勤。我不知當我倆在戀愛的時候，自己是如何使秀玉傾心的。或許是因飲了戀愛的蜜汁而改變了我原有的本性也說不定。婚後，我又徹底的還回我「山東漢子」那種硬邦邦的本色。這該是秀玉所意想不到的吧！然而，對她，我又何嘗了解多少？在愛戀中的男女原都是戴著一副假面具的。這也就造成了許許多多現代婚姻的悲劇。戀愛是因，婚姻是果，這原本是因果相成。然而，到底有多少人曾真正去顧及這種因果關係？

　　再說，T島姑娘的特性，我多少也是知道一點的。她們大多是像溫室裡的花朵那般的不勝嬌弱，因此對於生活上的需求自是「安逸舒適」四個字，這也就是她們擇偶的最基本條件之一。我不知秀玉當初是否也是如此，但願不是才好。不論如何，我想我該讓她磨煉磨煉，使之成一株堅韌挺拔的小草。我絕不會象我的某些朋友那樣，老遠的娶了個如花似玉的老婆歸來，然後自己心甘情願的當起「老婆奴」來，讓老婆以一根無形的鞭在後面不停的鞭策著自己，拼死呀拼活的，好讓她享盡榮華富貴……

　　可是事情就往往不是人所能意想得到的，在往後的日子

裡，秀玉開始有了轉變，她的那張嘴不再是緘默的了！她開始嘮嘮叨叨的向我訴說一些家裡發生的芝麻小事。諸如：「老二的女朋友來，媽對她好到不得了啦，把什麼好吃的都搬了出來，那些東西是我平日裡都難得見到的！」；「媽的人真偏心，她眼裡就好像只有梅珠（老二的女友），沒有我。我知道，她不喜歡我，打從我第一天進入你們家，我就料到了！」；「媽只會稱讚梅珠，從來就沒說過我一句好話，我做什麼，她不是嫌我笨手笨腳，就是說我沒頭腦！總之，我沒一樣是合她的意！」秀玉似乎整個兒變了，變得我對她感到從未有過的陌生。她，從前不是這個樣子的。也許，這是一般女孩子所持有的忌妒心理在作怪，我想。因之也就不太去理會她。可是有一天，秀玉卻對我說了些叫我驚心動魄的話：「大山，你不知道，媽跟梅珠好像要聯合起來對付我哩！那天，我看她倆鬼鬼祟祟的躲在廚房裡頭不曉得在吱喳些什麼，看到我走進去，便即刻住口不說了，後來，在吃飯的時候，梅珠一直叫我嚐嚐她親手做的蓮藕肉骨湯，我這才明白過來了，原來……她倆是在那湯裡下了藥，想毒死我呢！……」「秀玉，妳 ── 不要再說了！萬一叫媽聽到了可不是好玩的！」我當下忍無可忍，立即喝止她。心裡頭自是十分的不好受。秀玉終紅著眼眶跑入房內去了。過後，媽一看見我，怨氣可就多了：「哼，阿山哪，你那寶貝老婆呵，那天可真差點就把我給氣沒了！她說 ── 說我跟梅珠倆在湯裡放了東西要害死她哩，你看，這種神經婆都有！氣得梅珠好幾天都不上我們這兒來了。」說到此地，母親忽地降低了嗓音，有點神祕地：「你不知道呵，這幾天，她一個人只躲在房裡頭啃乾麵包吃，叫她來吃飯則死不肯，好像我們真會

毒死她似的！」母親愈說聲量愈大，火氣跟著又大起來了：
「哼，我看她哪 ── 多數是腦筋有問題！要不怎會 ── 想起
她第一天來的時候，捧茶給我喝，就濺溼了我一條黑綢褲！
當時我就知道她不會是什麼好東西！哼！往後呵，你知的
啦，千金小姐一個，什麼都不會做，還要我來教她！要不是
梅珠呵，三天兩頭的跑過來幫忙，我這把老骨頭呵，恐怕都
要垮掉啦！……」母親咬牙切齒的漫罵個不已。我唯有低頭
沉默的份。哎，秀玉，秀玉！妳叫我怎生是好 ── ？

　　由於秀玉的拒絕與家人共餐，另一方面，我又獲知她有
了身孕，如此下去不單會營養不良，且對胎兒極為不利。不
得已我只好將她接出來，在外面隨便租了個房子住。這段日
子是苦不堪言的。除了工作，我還得照顧秀玉底三餐，迫她
進些補身的食物。而秀玉她，再也不是已往那個端莊秀麗，
溫柔可人的秀玉，她彷彿是徹頭徹尾的換了一個人；逢她懶
散的時候，她可以一整天伏臥在牀，蓬頭垢面的，既不梳亦
不洗，衣物到處亂丟亂置，把個原本就不很整潔的房間給弄
得凌亂不堪，慘不忍睹！逢她高興的時候，她可以一整天坐
在梳妝鏡前，對著鏡子又是塗又是畫的，把個原本是很素麗
的臉蛋給搞得亂七八糟！帶她出門上街，她非得將自己打扮
得「花枝招展」不可，甚至連手、腳上的指甲亦不能例外；
手指兒是墨綠寇丹，腳趾兒則是鮮血欲滴的朱紅。天哪，不
知引來多少人的注目！她底脾氣也如天氣般那樣的變幻莫
測。好的時刻有如溫順底小貓；而凶猛起來則如一頭發憤底
母獅，搗毀東西不算，連帶的我也要遭殃了！時常手臂、臉
上到處被她用利爪給抓得傷痕纍纍；為了怕一不小心驚動了
她底胎氣，我都窮忍著不敢還手，任由她胡來。哦，秀玉！

妳可知我此時內心有多苦？有多痛？天知道罷了。

　　過後。我找了一天抽空帶她去鎮上看醫生。我將秀玉底情形告訴了那醫生。他點點頭不說什麼，先傳秀玉去問話。對於醫生所提出的問題，秀玉居然都能答得頭頭是道，沒有一絲兒差錯。當輪到我被詢問時，醫生問到一些有關秀玉的家庭背景等等，這可糟了，叫我說些什麼好呢？我去秀玉的家前後也不過那麼兩回，一次是在婚前，一次則是在我們結婚的那個大好日子。醫生望著我直搖頭，一副不可置信的樣子。不過，他還是開了一些藥方給我，要我在秀玉精神亢奮的時候給她服食。除此，還叫我盡量少讓她受刺激，最好找一個僻靜的所在靜心休養，這樣子就會慢慢好起來的。步出醫務所，我底心頓時變得空蕩無依，腦海裡一片空白，兩隻腳也是虛弱得跨不出半步，彷彿隨時就會倒塌下來！天，秀玉她怎會變成這個模樣的？哦，那簡直是不可能的事！忽然，我想起了一件極需立刻去辦理底事——

　　我將秀玉送回母親那兒去生產。棟兒生下之後，秀玉底精神似乎好多了。此時，我私底下也在一面進行著一件事：我寫了一封信給那還在北市唸醫的小何（小何跟我跟秀玉都是好朋友。我追秀玉的時候，他還曾暗中助過一臂之力呢！沒想到秀玉如今……哎！這也該是他所想像不到的吧！），託他代為照顧一下秀玉，並帶她到他們學校的附屬醫院去檢查一下；還有最重要的一件事就是拜託他跑一趟秀玉的家問明一切。事情既已發生了，想他們也無須再隱瞞下去……。想到這個，我真恨起白家的人來——他們不但欺騙了我，還連帶的害苦了秀玉，還有往下的……我不敢再想下去！

　　秀玉聞說我要讓她回去「探親」，高興得手舞足蹈有如

孩童般,那陣子她底神色的確是好多了,完全不像是有病的樣子。

　　小何到底不負我所望,不過,卻也帶給我極端的苦惱。我不願意去相信,但卻又無法不去相信 —— 秀玉的確是患上了「精神症」!小何說根據醫院初步的診斷,秀玉底病恐怕是屬於那種可怕的「精神分裂症」。還好依目前的情形仍不算是很嚴重,若加以適當的治療及細心的調養,相信病情會逐漸好轉的。為了秀玉底病,小何曾經跑了無數趟的白家,「逼」他們說出「實情」。最後,秀玉的父母才很不情願的透露秀玉的大哥也是如此……。接著小何還說由於白家的人不太肯合作,所以院方也無法再進一步的追究病情的根源。至此,我還有什麼話好說……!怨天?怨人?

　　秀玉在那邊「休養」了約莫半年之久,才又被送了回來。回來以後,我即在郊區找了一個安靜的房子住下來。棟兒沒跟我們住在一塊,我把他給寄養到母親那裡去了。此外,我還另外雇了個傭婦料理家中的一切。這期間,秀玉的情況顯然是進步了許多,只是有時難免會寂寞些,這時我便將棟兒接了來陪陪她。奇怪的是棟兒只喜歡親近我這爸爸,對秀玉好似有著一層無形的隔膜。而秀玉對孩子也說不上喜愛,高興時就逗逗他玩,要不就對他不瞅不睬的,就像對待一個陌生人那樣。這也難怪棟兒不喜親近她了。沒多久。秀玉再次懷胎。是時,小何剛好學成返國,聞說秀玉又有了,便以嚴肅的口吻告誡我:「照秀玉的健康情況看來,你們是不該再有第二個孩子的!」可是我終因猶豫不決,沒令秀玉去將它打掉。梁兒就這樣的被留下了。懷了梁兒之後沒多久,秀玉底老毛病再度發作,仍復如先前般,而且堅持不肯去看醫

生……我只有百般的容忍著。然而有天晚上，叫我感到害怕的事終於來了 ──

　　深夜。我由外面歸來。忽然瞥見二樓臥室的窗口有個白色的影子在那屹立不動。不會是眼花見著了什麼了吧？我用力揉擦了一下雙目，再瞧，果真如此……。我不由得驚出了一身冷汗，衝上二樓，房門是虛掩著的……我一腳踢開它，順手將燈亮了……這時，秀玉慢慢的回過身來，仍在那屹立不動，只拿雙空洞無神、早已沒了光澤的黑玻璃彈球死盯住我，再加上她身著的那一襲月牙白睡袍，更襯得她臉上一片死白……

　　「秀玉！妳怎麼到這個時候還沒睡？」良久，我方從那一大片死白中定過神來，抖著聲問道。

　　「呵，大山！」秀玉忽地像一頭受驚過度底小鹿，沒命的朝我奔過來。「好……好可怕哦！剛……剛才我做了一個夢……看見了我新近才死去的那個朋友……她朝我走了來，對我說……秀玉，讓我們一起到天堂去吧！……然後……她就拉著我走近這窗口……然後她就……就這麼縱身一跳，從這兒下去了！……大山，真的，我沒騙你……。」

　　往後的幾天，我一步也不敢外出，唯恐秀玉會做出什麼……。我把小何給找了來，心痛的告訴他這一切，並說我有意將秀玉「遣送」回娘家，問他可有什麼意見。小何聳聳肩，表示愛莫能助：「我看，也只有這麼辦了！」那聲調是沉重的。此刻，我很明白他底心 ── 作為一個醫者，卻無法在這方面助朋友一臂之力……。

　　「嘿，大山！你也來這裡送人哪？」一陣好熟悉的聲音響自耳際。我驚慌的抬頭。怎會這般巧？竟在這個時候碰上

老徐！我連忙摘下鏡片。慌亂的揉擦了雙目一陣，裝著有東西跑入的樣子。然後，慢吞吞的再將鏡片掛上，強擠出一絲笑意：「是啊，老徐，你也來啊，我正要走哩！」說著，立起身，逃難似的離開了這叫人傷心的場地。

回到居所。推開房門。首先映入眼簾的竟是踡縮在牀頭邊的那一襲月衣白，那一團死白，它冷森森的朝我迎面直撲過來……

我猛轉身奔出室外。迫不及待的拿起聽筒，撥了個自己最熟悉不過的號碼，然後以冷顫的聲音問道：「喂，請問溫華彩在嗎？」「噯 ── ！大山，是你！」話筒那端立即傳來華彩那份誇張著甜膩但叫人聽了胸頭有著無比舒暢底聲音。「什麼時候回來的？人 ── 送走啦？」

「唔 ── 。」不知怎地，剎那間，我底情緒再度陷入最低潮。

「喂 ── ！大山，你怎麼啦？」那甜膩底不再甜膩，而是有點尖急。

「妳現在有事麼？過來一趟好嗎？嗯 ── ？」低低的，幽幽的，我說道。而後，聽筒被軟弱無力的掛上了。

哦 ── ！秀玉！請妳原諒我……

1980 年 8 月刊登于《新加坡文藝》第 19 期刊
又于 1990 年入選《新加坡文藝十年選》
（新加坡文藝研究會出版）

獨生子

　　母親死的時候，自始至終，秀雲都不曾流過一滴目汁。

　　母親是死於驟然間昏厥過去，而後跌落到地面上，據醫生說是腦部受到嚴重震蕩所致。死前，母親原本就患有高血壓症，這是一般上了年紀的人的一種不良徵兆。

　　母親自跌落地面上之後就一直昏迷著，這中間曾經醒來過一次，僅此一次。秀雲清清楚楚的記得母親醒轉來的時候，嘴裡喃喃的直唸著：「阿瑞，阿瑞……。」，而後眼睛疲乏的在人群裡搜尋著。秀雲就坐在母親身邊，看到母親這樣，她本能地回過頭去，但是，那裡還有阿瑞的影子？這時她才猛然想起阿瑞早就同他那個精靈刁鑽的媳婦，一人手裡拎著個大提箱，走了！

　　「媽，媽……，我跟美雲姐都在這裡呀，」秀雲連忙靠過去附在母親耳朵邊說：「阿瑞他臨時有事，說好等一下就會來的！」秀雲說罷，轉身想叫美雲，冷不防觸及美雲那兩道冷森森底目光，直逼而來，她不由得倒抽了一口冷氣，但還是苦苦的招呼著，「姐，妳就過來一下嘛！」美雲稍稍遲疑了一下，終於走了前去，很艱難的俯下上半個身子，嘴裡乾澀的喚著，「媽，媽！」母親這回似乎聽到有人在叫她了，困難的將目光移向那叫喚著她底方向，可是就只那麼數秒鍾光景，母親的目光由微弱轉而強烈，她狠狠的盯視了美雲一

下，然後即刻將目光移開，甚而把臉也掉轉他向……美雲狼狽的低下頭去。秀雲則被母親這突如其來的舉動給嚇呆了！兀自在那楞了好一陣，方才回過神來。可是，母親已然再度昏睡過去……就這樣維持了一天一夜之久，母親終告別離了她所記掛著的，以及她所憎恨的一切人與事物……。

　　本來，人在死前，以往的一切恩恩怨怨都會在頃刻之間化解為零。然而，母親似乎是含恨而終。秀雲實在無法了解，為何母親一路來一直都寵愛著的大姐美雲，此刻卻無法原諒她因一時 "無心" 而犯下的大錯！（是美雲自己說的，她並無意於那樣做的，只是出於一時衝動罷了。）

　　母親下葬的時候，來送葬的人倒是不少（只因父親在當地住了數十載，頗有一點兒地位。），車水馬龍；然而，與之相對比的，卻是靈柩之前無孝兒，淒清一片……。不單單是少了象徵似的啼泣之聲，而是少了幾個 "重要人物" ！那自稱是 "獨生子" 的阿瑞（這裡應該說是美雲、秀雲姐妹倆的寶貝弟弟，只不過是秀雲此刻心目中再也無法容納下這個 "弟弟" 了！至於姐姐她，就更不必說了。），早就不知去向。秀雲曾派人到他丈母娘那裡去找過，她想這小兩口子一時該不會走遠的，必定先往他娘家那頭去避一下……可沒想到那親家倒是牙尖嘴利，非但不交出人來，還滿口咬定珞眉是被他們張家給逼跑的，反向他們要人，真是豈有此理！一提起珞眉，秀雲心裡就有氣，這小女人，表面上一派天真幼稚，底子裡頭卻是深不可測。過門才不過一年半載的，就同阿瑞鬧出這等事來，真是家門的大不幸！可恨母親此刻九泉之下猶不自知，還當他是 "手心肉" ……。這也難怪秀雲 "欲哭無淚" 了！

至於姐姐美雲，自在醫院裡頭見了母親最後一面之後，就一直沒露過面。秀雲曾親自上她家門去請，但姐姐卻推說有病在身，關在房裡，不肯出來相見。秀雲無奈，在緊閉著的房門外苦苦相勸。美雲在房內充耳不聞，只在那搶天呼地地，「那畜牲把阿爸所有的幾十畝地都帶走了，我們什麼都沒有，我活著還有什麼意思！阿爸阿母不是人哪，不把我們當親生骨肉看待，我活著還有什麼意思！嗚嗚……。」

美雲不來，就只剩下秀雲了。幸虧還有阿達在，否則的話，她真不知該怎麼辦了！

阿達是秀雲她們的一個遠房堂親，秀雲她都管他做大哥的，自幼父母雙亡，由秀雲爸媽接過來一手扶持長大，幾十年來一直都與他們一家相依為命，只是母親一路來一直都無法當他是"親生子"看待，對他總是有點成見似的，這說來說去大概又得歸於"緣份"了。不過，儘管如此，大家總算能夠和和樂樂的過日子。

秀雲的確很懷念她十歲以前的那一段童稚時光，是那麼的美好，那麼的平和無憂。其實那時候的家境跟現在比起來，實在是相去太遠了。小時候住的那簡陋木屋，還是建在人家的土地上。每個月還得付給他們屋後那個馬來地主一筆"租地金"，雖僅區區三、兩元的數目，可是父親卻經常一拖再拖的無法償還，而被那地主三天兩頭的走來催討，情境堪稱淒慘！而他們僅有的那三幾畝地，父親就拿它來種植橡膠以及其他農作物，就靠那微薄的點滴收入過日子。那時節的日子雖是清苦，沒有什麼物質上的享受，可是生活裡卻彌漫著股淡淡的幽芳，是樸實，也是恬淡；一如他們老屋前那株母親親手栽植的茉莉，開滿了一樹沁人心脾的幽香……。秀雲

還記得那張照片 —— 是她六歲時候拍的，母親親密地擁著她，就站在那株茉莉花樹下……而這一幕將永遠只能成為她此後生活裡一段不可多得的美好的溫馨底回憶！

要是人能永不長大，永遠保有他童稚時代的那份純、真、善、美，那該有多好！秀雲常這麼想。最起碼這世界還能夠擁有一份安祥與平和，而減幾分暴戾與紛爭。

就在他十歲那年，姐姐美雲出嫁了。

本來，姐姐嫁出去了，家裡少了個人，應該顯得更為清靜才是。然，事實並非如此。

美雲是奉子之命結婚的。十七、八歲，豆蔻般的年華，就得放棄一切少女的美夢；還有更為重要的，是得放棄才修了一半的中學課業以及一切美好前程。這實在是件很不幸的事，可是，這能怪誰呢？怪美雲自己的不慎重，不自愛；抑或是父母親沒有好好的教導她，以致使她一失足成千古恨！事後，美雲常常針對這宗事來大派母親的不是，認為母親不夠關心她，害得她這一生底命運諸多坎坷……。其實，母親也是夠可憐的，她和父親，為了一家人的生計，日日都得起早摸黑，去給人家割膠，割完膠還得去做自己的笆地。阿達雖比美雲稍長幾歲，但他並沒有美雲命好，他除了上半天學，其餘的時間就得跟著父母親東奔西跑的忙。至於美雲麼，則彷彿千金大小姐般，只需留在家裡做些簡單的家事，以及照顧年紀尚幼的秀雲。設若美雲當時能夠體諒父母親的辛苦，知道自愛的話，她當努力求上進以報答父母親的一番苦心。可是她並沒有，反而做出了使父母親傷心，使自己遺憾終生的事。

再說美雲當初要是嫁個有自立能力，經濟基礎不錯的丈

夫的話,那倒罷了。偏偏她的他又是個軟弱無能的窮教書匠！他倆結婚當時,他猶在“師訓學院”受訓,還未真正出師哩！自己都養活不了自己,遑論養老婆了。這一下美雲可有罪好受啦,再遇上個“不明事理”的家翁,她唯有日日跑回娘家對著爸媽以淚洗面了。這樣隔沒多久,小兩口終於都搬回娘家住了。

　　父母親大人為了彌補自己（對美雲）的“過失”,因而對美雲格外地呵護與照顧。美雲說什麼,他們就聽什麼。美雲要風得風,要雨得雨。（這是後來家裡經濟情況逐漸好轉以後。）父親最初為美雲購置了一塊屋地,另外再給她築了個堅固美觀底巢,美雲小兩口這才高高興興的遷往新屋。畢竟女兒是嫁出去了的,不適宜住在一塊,這也許是父母親的想法。後來,父親又陸陸續續的給美雲添購了幾塊地皮。阿達看在眼裡,心中頗為不快,覺得美雲無功而受祿,得來全不費功夫！美雲她呢,對阿達亦有所顧忌,生怕阿達會對她有所不利。故而在父母親面前時時搬弄口舌,令母親對阿達更不歡喜。此外,對妹妹秀雲,亦諸多排斥。所幸秀雲生性耿直,平時除了喜歡唸唸書外,對其他的一切一概不喜過問。但她可並不是個十足的書呆子,對於姐姐美雲,她內心可是清楚得很呢！

　　美雲婚後,可說是完完全全的變了另外一個人。她不再是從前那個成天拖著秀雲到處去野的美雲；那個時候,她除了好動好玩之外,內心可還是一片純良,對妹妹秀雲可還是一片真心的護著愛著。因此,秀雲的確很懷念她十歲以前那段美好時光。要是人能永不長大的話……她常這般想。

　　秀雲一向瞧不起女人自己,也憎恨女人。因為世間所有

一切男女的不平等可說是女人自己一手造成的！是女人自己首先無法確定自己的生存價值，進而貶低自己的身份。

母親就是這樣的一個例子。她身為女人，生前卻說過這麼一句話：「女兒終歸是女兒，再怎麼說也永遠無法替代男兒的！」還有就是在她死前的那一天，姐姐美雲與她起爭執，她罵過姐姐：「你們女兒啊，嫁出去就是潑出去的水了，還這麼不知羞恥的，想回來爭產業呵？做夢！」說真的，這的確是美雲做夢也想不到的，母親有一天居然會這麼數落她。

所以母親死後，秀雲沒有淌過一滴淚，這倒不是因為做女兒的無權過問 "祖業" 這個問題。

就在秀雲十三歲那一年，母親竟然不顧一切的，不管父親是否同意，把剛出世還未彌月的阿瑞從外面抱回來了。母親的理由很簡單：她是受不了別人的奚落，說她生不出男兒，才出此下策的。在阿瑞還未來之前還有著一段小插曲呢！那就是當美雲獲知母親有意領養個 "弟弟" 時，當下大表歡迎，隨即向母親獻議，願以她家老三給母親作為么兒（還是美雲有辦法，生了半打以上皆為男兒！）。誰知母親並不接納她底美意。母親說：「欲把外甥當親兒，那豈不是笑話一宗。」因而婉拒了美雲底好意，寧可自己到外邊去收養個陌生人的子弟回來。那樣子好處有二：一是孩子將永遠不會知道自己原來的身份，長大了也就不會跑回去尋找其親爹娘。二是自己當可名正言順的視之為己出。真正是完美之極。

當阿瑞進門的那一日，美雲似乎心有不甘，還藉故與母親大鬧一頓哩！

阿瑞逐漸的長成了。

這孩子打從小時候起那模樣兒就長得很討人喜歡，可是

秀雲並不欣賞他那副好吃懶做的格性。這也許是阿瑞一來的時候，他們家的處境早已由惡劣轉為優裕，這才造成他往後那副養尊處優的德性。尤其是他不喜讀書更令秀雲感到頭痛。為了這，母親常怪罪到秀雲頭上去，說是枉費讓她讀了那麼多書，竟連個弟弟都教不好。母親除了百般護著阿瑞外，還不許眾人說他。母親說：「阿瑞這孩子往後是好是壞，乃我命中注定，用不著你們來操心！」

秀雲看到母親這樣，只有作罷。只有美雲，時不時為了阿瑞的事而與母親發生衝突。她不僅看不慣母親那樣子寵著阿瑞，而是她內心開始又有了另一種隱憂……。

阿瑞才十八歲，母親就急著替他找對象了。母親從前是盼"兒子"，如今可是盼"孫子"盼瘋了。這時，阿瑞還在讀高中最後一年，與班上一位叫珞眉的女生搞得火熱。珞眉長得眉清目秀的，與阿瑞又是同年，母親瞧了滿心歡喜，屢想派人去提親，無奈珞眉父親不答應，說是女兒歲數還小，不急。母親失望之餘，只好再盼下去。沒想到隔不了多久，珞眉父親居然回心轉意，甘願把女兒讓出來了。而這頭的阿瑞卻在這個"緊要關頭"向母親提出了個不成文的條件，說什麼一定要先買輛轎車給他，後才肯定親。母親無奈，只有逼著父親買了。阿瑞於是天天駕著他那輛嶄新的日式小轎車載著珞眉兜風去。

隔年，珞眉就這樣踏進了張家的大門兒，順順當當的當起張家的少奶奶來了。

卻說當阿瑞結婚的時候，秀雲自己也早已有了美滿的歸宿。而阿達麼，也已經是六口以上之家了。

男大當婚，女大當嫁，母親至此，可說是了結了一大樁

心事，可以安心坐下來等著抱孫子享享晚福了。殊知……

　　阿瑞大喜之日，秀雲還特地老遠的趕回來喝他的喜酒呢！想想那才是前年歲尾的事……。

　　那日，珞眉就坐在她自己的新房裡，含羞答答地，成了眾目的焦點。秀雲去看她，那張過份整修了的臉，幾乎令她認不出來啦。

　　記得第一回見到珞眉，是在秀雲自己的家裡。直頭髮，僅及粉頸，前額有劉海。一張長得煞是可愛底娃娃臉。五官雖說不上有任何特出的地方：如稀疏的眉啦，單眼皮啦，不是很挺直但小巧的鼻啦，以及中等的嘴型等等。但是配上白晰的皮膚以及娃娃型的臉蛋，這就占了絕大的好處。整體觀來，可當得上“秀氣”這兩個字。要是摘下那副寬大的金絲鏡的話，乍看倒有點像那個唱“媽咪陪我逛街去”的小女孩兒！這是阿瑞第一次帶珞眉去秀雲家作客，秀雲第一眼就喜歡上了她的“清秀”。可卻怎麼也沒料到那晚……這清秀的小女孩兒竟毫不避嫌的與阿瑞同宿在一個小小的客房裡頭……這要是讓她那個道貌岸然的爹知道了，不知他心底裡頭將作何感受？秀雲心想。

　　再次見到珞眉，是在母親那裡。那天，剛好阿瑞欲載珞眉上街去。珞眉身著一套緊身的黑色衣褲，臉部略略化妝，比起第一回秀雲見到時的那張不帶一絲脂粉氣的臉，要來得嫵媚多了。架在鼻樑上的那副金絲鏡不見了，取而代之的一副茶褐色的墨鏡。這時夕陽已漸西沉，金色的陽光透過樹叢，柔柔的在珞眉臉上灑了一層金。隔著層鏡片兒，秀雲無法看清她那對藏在鏡後邊底眼，但覺得那眼也隨著嘴角的牽動在笑，笑得有點詭秘。

　　然後就是這一回了。單眼線以墨筆畫成粗重的雙眼線，使眼睛陡然增大了不少。秀雲此番可是看清楚了，那是雙透著幾分精靈刁鑽底眼，沒有仔細瞧是覺察不出來的！

　　「嘩！這阿瑞是那生修來的福，竟然娶到這樣一個水某！」任誰見了都這般說。

　　而阿瑞那日，也正是英姿煥發，神采飛揚的時候。「咦——阿瑞這新郎倌也不賴嘛，真是天造地設的一對！」

　　想來最高興的莫過於母親了。那一整天，秀雲就只見到她嘴巴一直都微張著，兩隻眼也瞇成了兩條線。平日裡母親只要是照相的時刻，那張臉總是緊繃著，照片洗出來時就好像跟誰生氣似的。可是那天，她竟然破了例。那張"全家福"照出來時，她底兩只眼睛瞇著，嘴巴也微微的張著。這張"全家福"裡頭，看來好像個個都在笑。獨有美雲不笑。她彷彿心事重重。姐夫的笑則是敷衍性的，秀雲看得出。阿達跟大嫂笑得有些兒勉強。父親的笑向來是不輕易表露出來的，這張相自然亦不例外。秀雲自己嘛，似笑非笑，連她自己看了都覺好笑。想不到這竟是母親最後拍的一張，也是唯一的一張帶著笑的照片！

　　阿瑞婚後。秀雲偶爾回去母親那兒，見家裡也沒什麼異樣，阿達一家與阿瑞他們似乎都合得來。只是母親曾對她數說過大嫂：「你大嫂這人呵，最奇怪的了！人家珞眉又沒犯著她，她居然一整天拉長著臉給人看！」不過，母親似乎隱藏著什麼沒同她說。這是她後來從美雲那裡得知的。「我看哪，阿瑞這小子也越來越不像話了！」美雲有一天忽然這麼對她說。「都是阿母將他慣壞的。我說她，她卻不肯承認。哼，活該有報應！」

　　什麼報應？秀雲滿心疑惑，待問下去，美雲卻自個說了：「妳不知道呵，那天，我剛好有事去阿母那裡，一到門口，便聽見她在屋裡罵著：『哇！你這不孝子，我還以為你多懂事哩，沒想到這會子娶了某，就忘了我這個老媽子！阿玲，妳來！（阿玲是阿達的二女兒。）把這些東西通通給我拿去丟掉！是阿叔叫妳拿來的麼？假好心！有好吃的就跟老婆兩個躲在屋裡吃，沒好吃的才拿來孝敬我這個媽！別以為我人老了，不中用啦，哼，畜牲 ── ！』」

　　又有一回，母親到秀雲家小住。與秀雲閒談間，曾十分感慨地，「哎！想想我同妳阿爸，這一世人活得最沒價值了。年輕時候做死做活，做牛做馬，滿以為年紀大了，可以過幾年好日子，誰知又讓這些子子孫孫來氣苦！先是阿達，忘恩負義，完全不體念及我同妳阿爸；然後又是阿瑞，哎 ── 這孩子！……有一晚，他跟珞眉倆去看戲，把孩子留在家裡。你阿爸的脾氣本來就不太好，孩子一吵鬧，他就給他關進房裡去，任由他哭個不休。碰巧阿瑞倆看完戲回來，聽見孩子哭叫，就心痛的在門外大聲吼叫：『×你媽的，連看個小孩都看不好！讓他這樣哭！……』我當時聽了只氣得差點昏過去，就跑出來狠狠的罵了他一大頓！……哎，人老啦，不中用啦，要給兒孫來這麼氣苦！」

　　哎！這阿瑞也真是太過份了！秀雲心裡這麼想著，卻沒說出來。她知道母親一向護著阿瑞，說了等於沒說。

　　果然，未幾，母親又說了：「不過，你可別看阿瑞這樣呵，其實這孩子對我也是蠻有心的。他看到我每天早上燙了蛋讓他吃，自己卻不吃，便說：『阿母，您看您，一張臉弄到這麼青青黃黃的，也不曉得要做些補的來吃！嘮，這個蛋

您自個留著吃，包您沒幾天臉色就會好起來的！』」這就是母親心中的阿瑞呵！

「哦，對了，珞眉她對您怎麼樣？好麼？」秀雲向母親試探著問。

「珞眉──？」母親訝然，她沒想到秀雲會這麼問。「她很好呵！這孩子，有時就是太靜了點，不大愛說話，同我一天沒說上兩句話……。」母親說到此地，神情流露出幾分落寞，「一整天就窩在房裡，阿瑞有在時，她就同他嘰咕個沒完，沒在時也不知她在裡間做些什麼！」

「她還有做事麼？」對珞眉，秀雲始終莫測高深。

「有哇！她還是在那家店做記帳的。」一提起這個，母親便覺珞眉頂了不起似的。「當今，我們家你阿爸那些園地的帳目都是交由阿瑞跟她兩人去管。你阿爸年紀也大了，你知啦，阿達這人是靠不住的……。前些日子，你阿爸還說，以後要分，也只有你們三個去分，阿達他是休想分到一分地的！」母親說著這些話時，秀雲心裡怦然。這才是去歲秋分的事，於今事隔僅半年有多，想不到……

那是距離母親最後一次來秀雲家之後的約莫兩三個月光景。

有一天，秀雲突接阿達來信。信中僅簡短數語：

秀雲：我同阿爸阿母分開來住了！本想請妳回來主持個公道的。可是後來想想，妳一向都在外邊住，很少回來，對家中的一些事情也不太清楚，因此也就算了。有回來的話就來找我吧！

阿達

　　阿達同爸媽分伙是秀雲早就預料到的事，自從阿瑞娶妻之後。可是沒想到會是這般匆促。

　　這樣再過一個多月。

　　一個午後，阿達又突如其來的搖了個長途電話過來：秀……秀……秀雲，我……我是妳……妳大哥，阿達呵！（阿達在電話那端斷斷續續，含糊不清的說。）咦—— 你是阿哥？哥呵，到底什麼事啦？（秀雲充滿疑惑地。）哎，沒……沒什麼啦，我……我在這裡喝……喝酒啦，想……想找你聊聊！

　　到底是什麼事啦，哥？（秀雲焦慮地。）

　　還……還不是那個阿瑞……他天天都來同我討錢！

　　討錢？（秀雲半信半疑。）

　　是呵，他說我吃阿爸的錢，他要代阿爸向我拿回去！

　　是真的麼？（秀雲追問道。）

　　哎—— 事情是這樣的，從前阿爸是有一些地要我跟他管，後來這些地都歸給了阿瑞……也不知阿爸是怎麼向他說的，他居然凶巴巴的來同我要錢！

　　那你怎麼說？（秀雲緊接著問。）

　　我說我沒錢！而且我根本就沒拿他一分錢！（阿達氣憤憤地。）

　　那他怎樣？（秀雲又問。）

　　他就說：哼，我不信！你沒錢怎會去跟人合伙買地？那些錢根本就是被你吞掉的！說罷還聲言要用拳頭來對付我！

　　……。（秀雲不響，她實在是被這些事給搞糊塗了。）

　　哦？秀雲！妳不相信是不是？哈……那也沒關係，妳本來就不該信我的，我沒用，到處去吃人家的錢！哈……我也吃過妳的錢，阿爸說的，哈哈……。

哥啊，你千萬別這般說呀！（秀雲急道。）

秀雲……，這些年來，你說說看，我跟你是不是情同手足？……不過，如今你可以不承認我這個沒用的假阿哥！你可以跟我一刀兩斷……哈……，一刀兩斷！……

哥，哥，你別這樣呵，你聽我說……。（但是電話那端已然喀嚓一聲，斷了！）

自阿達來電之後，幾個月來秀雲都一直心神不定，就彷彿有什麼事情將會發生似的。夜裡睡也睡不穩，老是作著惡夢。

不想那日，已經是夜晚十點多鐘了。美雲突然十萬火急的撥了個電話來。美雲很少打電話找她聊天的。

「喂，秀雲！」美雲在線的另一端氣急敗壞地，「這回妳一定得回來，回來同阿瑞這小子爭一口氣！」

「到底發生什麼事呵，姐！」

「秀雲，妳不知道……，我……我……現在頭痛，痛得快死啦！我……我全身都在抖……！我……我看我……就快死了！……」

「姐，姐，妳……妳沒事吧？到底是怎麼啦？」秀雲的聲音也跟著抖起來。

「剛……剛才那……那畜牲 ── 跑來我這裡放肆哩！妳知不知道？……」停了一會，美雲終於平靜了下來，「剛才七點多鐘的時候，阿瑞跑來我這裡同我講阿達的事。我就好心的勸說他，叫他不要做得太絕，畢竟大家都是兄弟呵！後來不知怎地，我們一談就談到那些地的事去。……阿瑞說阿爸已在去年把一些地都割在他的名份下了……到底有多少，我問他，他不肯說，還說這是他私人的事，不想我來管！真

是豈有此理！過後，我覺得事情不簡單，於是便想到要找阿爸質問一下真相。阿爸說過的，那些地要分也將作三份分，秀雲，這個妳也聽說的，是不？誰知這畜牲當下立即站起來說：妳要找阿爸問個清楚是不？我看不必了！阿爸最近精神不大好，請妳不要去騷擾他！我就反問他：你這樣說是什麼意思？難道我同他說幾句話的權利都沒有是麼？那畜牲於是就一拳頭擊在桌面上說：老實同妳講吧，我是阿爸阿母的獨生子！只有我才有資格繼承阿爸的產業。你們女兒，嘿，還是少作這個夢吧！告訴你，你們要是真能分得阿爸的一、兩分地，那是你們的造化了！……秀雲，妳一定要回來呵，會有好戲看的！」末了，美雲幾乎是咬牙切齒的，秀雲感到線的那端在"格格"作響。

隔日。秀雲回到母親那兒時，已是午後時分了。只見後間庭院裡已坐齊了人：包括父親、母親，姐姐、姐夫，阿瑞；阿達沒來，珞眉也不在。

美雲一看到秀雲，便道：「好啦，阿爸，現在秀雲也來了。當著大家的面，我想問問您，您那些地是怎麼打算的？您從前不是說過要作三份嗎？怎麼您現在卻預先割給阿瑞，連同我們商量下都沒？」

「這……這……哎，美雲妳先別激動呵，等我慢慢說給妳聽，」父親自年前秋間，母親未去秀雲家以前就曾大病過一場，接著下來身體一直都很差，精神顯得很萎頓，說話也是有氣無力的。「我本來確是有這個意思的，可是後來聽聽秀雲的口氣，她仔像沒什麼意思……。所以……所以……。」

「秀雲，妳千萬別傻呵，妳我都是阿爸的親生骨肉，我們是有權利來分這些地的。更何況是阿爸自己說過的，現在

他反而說話不算話……。」

「什麼叫說話不算話呀？」母親一刀橫切過來說：「妳阿爸不知給了妳多少，妳還不知足呵？告訴妳，妳們是女兒，嫁出去了就等於潑出去的水了，怎麼還這麼不知羞恥的，想回來爭產業呵？別作夢了！」

「阿母！妳……！」美雲實在沒料到母親此刻居然會這般說她，頓時面青唇白，全身抖索不已，轉向身旁的秀雲，「秀雲，妳怎麼啦，妳……說話呀！」

「姐，我……我……。」

「哼，妳別再裝假了！別以為妳多讀幾年書，頭腦就跟著清高起來了。……哼，別裝模作樣了，咱們走著瞧吧！總有一天妳會後悔的！」美雲將上下兩排牙磨得吱吱作響。

「嘩！什麼事這麼鬧熱呀？」這時，珞眉忽然探進頭來，故作驚訝狀。

「嘿，珞眉，妳來得正好，我且問妳，妳老父到底有分給妳什麼產業麼？」母親叫住珞眉問。

「嗬，阿母，您千萬莫要說笑了，我們做女兒的，那有指望分到什麼哪！」珞眉答著，邊拿眼角往美雲那頭瞟了瞟。

「好啦，大姐，」阿瑞跟著站起來，冷冷地，「既然大家都這麼說，更何況阿爸阿母現在都還好好的坐在這裡，妳這樣子來吵吵鬧鬧，不怕給人笑話麼？我看妳還是走吧！」

「哼，你這小子，別神氣得太早了！」美雲忿忿然起身，一腳踢開椅子……向四周環視了一下，然後慢慢的打開手提袋，探進手去摸索了一陣，摸出張摺疊成小四方塊，已然顯出年代的泛黃的紙來，舉在手中在眾人面前揚了揚，「不過，在我沒走之前，我想將這個交還給阿母，這是她幾年前交給

我替她保管的，我現在不想管啦！……」

「哼，給我！」阿瑞機靈的一箭步上前，一把搶在手裡，「妳又想要什麼花樣了？」

「哈！給你也無妨，反正是你自己的東西，你拿去慢慢看吧！哈哈……！」美雲抬首縱聲狂笑。

「美雲 ── ！」只聞得母親尖厲的叫了那麼一聲，震人心弦，跟著整個身子歪倒在地面上。口吐白沫……

當天傍晚，天還沒暗下來，阿瑞就帶著妻兒走了！……

這天是母親二七。

秀雲買來母親生前愛吃的瓜果，供奉在香案上。偌大一個廳堂，靜悄悄的竟無一人在；美雲不曾來，阿瑞到現在仍然是一點消息都沒有！阿達則臨時有事外出了。

昏黃的燭火一跳一跳的燒著，燭光映在案前母親那張經放大了的黑白照片上，母親的嘴緊抿著，那神情更落寞了，秀雲看著看著，眼眶不由得濕潤起來……

「秀雲！」是阿達在背後輕輕的叫她。

「哥！」秀雲驀地回轉身，一滴清淚終自眼角沁落。

「咦？秀雲，妳怎麼啦？」

「哦，沒什麼……。」秀雲趕緊用手背抹抹眼角，「哥，我真有點放心不下這裡……我走後，你一定得常來陪陪阿母，還有阿爸他……哎 ── ！」父親自母親去世以後，阿瑞又遠走高飛，整個人頓時變得痴痴呆呆起來。「我去求過美雲，叫她回來看看阿爸，可是她說……她已經不是張家的人了！阿爸阿母早就攆她出門了，早就不認她這女兒了！她還來幹什麼？她還說……阿爸已經把所有的地都給了阿瑞，她恨死他了！……」

「秀雲！妳別擔心那麼多了，我已經決定搬回來住了！我會好好的看待阿爸的，妳放心吧！」

「呵——？哥，是真的麼？」秀雲驚喜萬分，「那太好了！」

「秀雲……，過去我也有錯……，我曾經用過阿爸的錢……。」

「哥！過去的事經已過去了，我們不要再提了好麼？」

於是，四隻手又緊緊的交握在一處……

秀雲此刻彷彿又回到那充滿茉莉花香的老屋……阿達正雙手合力將她抱起，坐在車前座上，然後載著她一路哼著上學去。

1982 年 12 月刊登于

《新加坡文藝》第 4 期刊

抉　擇

　　「喂，亞南，到了，要不要我把車子給彎進去？」同事老張用手肘輕輕的碰了碰坐在身旁的陳亞南，小心翼翼的問道。雖然心裡明知道陳亞南是不會要他送那麼一小段路的；可是最近這半年多以來，亞南經常是坐著他的車子直坐到巷子口都不曉得要下車，所以這才格外小心的詢問他底意思。

　　「哦，不必啦，老張，太麻煩您了，真不好意思。」被老張碰了那麼一下，陳亞南一下子回過神來，一張臉頓由青白轉而微酡，腼腆的謝過老張，這才慌亂的啟開車門下車去。

　　遠遠的有兩個敏捷的小身影，其中一個騎在小三輪車上，跑在前頭；另一個麼，則在後邊氣喘喘的追逐著。就這麼一前一後的迎了上來。而這頭的陳亞南也雙臂微張，快步的迎了過去。

　　「小──！」亞南張開嘴巴，剛想叫出小華、小芬兄妹倆的名字，冷不防兩個小身影在他面前作緊急煞車，並都齊聲高呼：「陳叔叔！」

　　「啊──？！」陳亞南張開的雙臂頓時有氣無力的垂了下來，微張的嘴也任由它張著，那樣子約莫有兩、三秒鐘光景，方才訥訥的應道：「哦，小蘭，小強，是你們哪，乖！」

　　「陳叔叔，為什麼這麼久都沒看見小華跟小芬哪？」小姊弟倆緊跟著問道。

「哦，他們啊──」陳亞南一時為之語塞，心裡一酸，差點兒抑制不住自己，「到婆婆家玩去啦！」

「哦──？要去那麼久啊？」

「是的。」陳亞南摸摸小姊弟倆的頭，心裡又是一陣酸楚，忙道：「時候不早啦，叔叔要回家了，再見！」

「再見，陳叔叔！」

黃昏的小巷，長而寂寞。

陳亞南的家就在巷的尾端。從巷子口數進去，一排大約有整十來間房屋。

從前蔓芳在的時候，他倆總喜歡在飯後走到巷子外邊漫步談心。

從巷子裡邊走到巷子外邊，就這麼來來回回的走著。那時節總覺得這條巷子實在太短了，不消幾分鐘就走到盡處，未能盡興。

每當下班時刻，蔓芳還會帶著孩子們迎在巷子口呢！要不然，也會令小兄妹倆在巷子裡邊張望著，看看爸爸回來了沒有？

這兒的環境實在不錯，還是老張幫著找的。老張的房子也在這附近。

想當初租這房子的時候，陳亞南就覺得這地點稍嫌偏了些，不論離市區或者離自己的工作地點都太遠了。可是蔓芳卻喜歡它幽靜，而且屋身寬敞，周遭又有草坪，一眼看過去就覺得好舒服好舒服。因此亞南這才決心租下它，只要蔓芳喜歡就行了。

蔓芳說這裡走來走去到處都是人，尤以某些住宅區，更是一片狹窄與雜亂，住在這裡頭真會教人窒息。蔓芳說她受

不了。這也難怪，他們在國外一呆就是十幾年，蔓芳早已習慣了那兒的一切。那裡地廣人稀，不似這裡到處像擠沙丁魚似的，空氣污濁又嘈雜。

在國外，就他們所認識的人當中，幾乎人人都擁有著那麼一間獨立式的房屋。陳亞南他們不甘寂寞，在蔓芳的催促下，也在幾年前置下了那麼一幢，蔓芳還刻意的為它整修了一大番哩！

剛來此地的時候，蔓芳還時時刻刻的想起他們這個「窩」。幸虧亞南做事的這家公司肯付出那樣的大手筆來讓他們租這樣子的房屋，蔓芳這才無話可說。

所以亞南租這房子，說來說去都是為了蔓芳，只要蔓芳高興，不再同他嘮叨什麼「捨命為君子」就行了。

可是現在蔓芳走了！

她來這裡陪他渡過了整整兩年，七百多天的日子。她和他之間就彷彿是彼此簽了「合約」般，合約一滿，她就同他揮揮袖，毫無牽掛的走了。

蔓芳走了。

兩年裡，他們的生活有如同一首交響樂章。開始時是熱烈的，充滿激情；那是興奮、交織著新鮮的刺激。繼而一切漸都歸於寧靜；接著是平淡，開始時的那種「新鮮感」沒有了。到最後復又掀起一陣短暫的劇烈的高潮，終於一切都沉寂下來了。

曲終人散……

現在蔓芳走了，小華、小芬也走了。只剩得他孤伶伶的一個人，又回復了過去的單身漢身份。十幾年來，陳亞南偶爾也曾作過還我自由身的夢，那是當他對「婚姻生活」感到

極端苦悶的時候。然則怎麼也沒料到一旦恢復了「自由身」，竟是這般的空虛的可怕，彷彿一下子掉進了萬丈深淵，世間底一切頓時變得毫無意義起來。

　　孤伶伶的一個人守著一幢空蕩蕩的樓宇，那種情景可想而知。尤其是在「無言獨上西樓，月如鈎」的時刻，寂寞就像是千萬隻蛀蟲，一下子啃蝕了他的整個心靈……。再怎麼樣的「英雄好漢」，也會氣短啊！

　　蔓芳走後。

　　陳亞南三番幾次的想將屋宇退掉，可是都沒能下定決心。留著它，一心指盼著她會再回來，回來與他共相廝守……。

　　樓上主人房靠西窗的位置好像有燈光在點燃，亞南不由得三步作兩步向前奔去，一顆心也在劇速的跳躍著。然只一瞬間，他的腳步再度緩慢下來，有如老牛拖車般的沉重。

　　淡淡的夕暉把他的影子拉得長長的，長長的寂寞的消瘦的影子。

　　習慣性的把右手提握著的公事包交由左手提著，然後迫不及待的將那隻空出的右手伸進褲袋裡頭去掏取那把希望之鎖。接著再小心翼翼的將它取出，插進設在矮鐵柵門邊那個暗紅色信箱的鎖頭洞裡去……

　　以往蔓芳在的時候，他根本連看都懶得看它一眼呢！

　　又想起今早起牀的時候，右眼角上方的那一小片肌肉竟無來由的連續著跳動了好幾下，接著一整天下來便整個人心恍恍惚惚的……。

　　想到這個，他趕緊扭開鎖頭，掀開信箱的蓋，那裡邊赫然的躺著封薄薄的淺藍信簡！

他欣喜若狂的將它取出，緊貼在自己的胸窩上，就這樣緊緊的壓抑著那顆隨時即可跳躍出胸口底心。

蔓芳已經走了整整六個月了。

半年裡，這是她頭一遭提起筆來給他寫信。或可說是在陳亞南去了無數封有如石沉大海的信之後的唯一迴響。

蔓芳她已經不再是從前的蔓芳了！

想起那一次，他比她先一年出國，在那短短的一年裡，她給他的信竟超越一百大關！

陳亞南苦笑著。他如今在她心目中的份量或許僅佔那麼一萬分之一的小方位罷了。

陳亞南：你好。（亞南的心猛抽了那麼一下，蔓芳竟在信裡直呼他的名和姓！）

請恕我無暇給你寫信。（沒空？真的麼？）首先，我要直截了當的告訴你，我是不可能再回去那種地方了！除非……除非你儘速離開那兒，返來此地，這樣或許我們之間還有商量的餘地。（多絕情的女人啊！）

至於過去種種，誰是誰非，大家心裡都有數，不要反說我逼你太甚！（難道會是他逼她不成？！）

陳亞南，我知道你的心意，我太了解你了！否則就不配作你太太，是不？（每回她與他過不去的時刻，最喜歡套用這句話了。）你是藉著公司派你到那裡服務為名，乘機回去看看，然後找個機會留下來。哈，我說得可是一點都沒錯吧？其實我早就該料到這個了，可惜我沒有。……

讀到此地，陳亞南復又憶起兩年前的某天，當他獲知他做事的公司有意調遣他回到自己的家鄉服務時，當即憂喜參半。喜的是自己多年來的想望終於得以實現；憂的則是唯恐

得不到老婆大人的准證。不過，像這樣子的機會到底難逢，他願盡全力以赴去試試看。

這天下班後，陳亞南興沖沖的回到寓所。

來到玄關處，鞋還未來得及脫下，便立即高聲往屋裡頭喊道：「蔓芳！蔓芳！」

「什麼事呀？瞧你！」蔓芳由裡間神色匆匆的趕出，但見亞南悠哉遊哉的斜靠在起坐間的沙發上，半閉著眼，不由得嗔道：「人家還在通電話哪，你竟來開這種玩笑！」

「不不不……好太太，我那敢同妳開什麼玩笑，」亞南旋即坐直身子正色道：「我確是有好消息要告訴妳呀！」

「什麼好消息？快從實招來！」蔓芳沒好氣地，不過，神色卻是較先前和緩了許多。難道是亞南的薪水位數又再加上去了？前些時候還聽說他在公司裡的表現很是不錯呢！要不然，準是獲得調升！蔓芳最先想到的就是這些。

「喂，蔓芳，妳說，妳想不想找個機會出去旅行一下，這麼久了……一直都老呆在這種地方，我都有點怕了！妳呢？」

「好哇，亞南！果然不出我所料，一定是公司新近嘉賞你了，是不？」蔓芳一掌猛擊在亞南肩頭上，痛得他噯喲了一聲。

「都不是。」亞南搖搖頭，否定了蔓芳所猜想的一切。「事情是這樣子的，蔓芳，公司方面有意讓我到新加坡的子公司去服務一個時期……，大概是一年半到兩年左右。我到底是來自那邊的人，對那兒的一切自然比較熟悉些……因此公司方面認為我是最適合不過的人選。蔓芳，妳說呢？……假如去的成的話，那妳可不是撿到了個機會去旅遊麼？」

「哦，亞南，原來是這麼一回事呢！我還道是什麼……」蔓芳聲調平平的，就像是根弦無意中被挑了那麼一下，絲毫揉不進絲兒喜悅之情。「要我隨你一塊兒去那兒做事，名為『旅遊』，那我可不幹！至於名正言順的去玩一圈回來麼，我倒很願意考慮一下呢！」說到最後，蔓芳幾乎是半認真半玩笑地，可是亞南心裡頭卻冷了大半截。

這之後，亞南又試著與蔓芳談了好幾次，然回回盡是不歡而散。夫婦倆之間的磨擦也愈來愈大。最終總算與蔓芳取得了妥協，不過這時的亞南，身心已幾近崩潰！然而蔓芳她知否？她只知最後的勝利是屬於她的罷了！

陳亞南，我很後悔，後悔跟你去了那裡……。（亞南繼續讀下去。）最後反被你愚弄跟蒙騙……。（他愚弄她了？！蒙騙她了？噢，天哪！）

回想初到此地的時候，在一切都安頓就緒之後，他們確曾有過一段美好的日子。那些日子裡，蔓芳成天忙碌著。她說新加坡果真是個購物天堂，她要儘可能的把所有一切又漂亮又便宜的東西都帶回去。

亞南偶爾也會攜帶一家大小到西馬鄉下探親去。他的出生地就在那兒。那裡有他年邁的父母以及誠樸的鄉親們。很久以來，他就一直在渴望著有朝一日能重返故地，重溫親情舊夢……不想如今實現了，卻又患得患失，這使得他底心境一直都無法開朗起來。

然而蔓芳卻不喜歡到鄉下去。她說那些地方齷齪又落後，尤其是那些鄉人，不單土氣而且沒有文化……。想到這個，亞南心裡有種屈辱的感覺。

時間很快的一閃一年多兩年即將過去。

　　蔓芳開始有些兒沉不住氣了，而亞南的心情亦日愈沉重。就在這個時節，總公司那頭忽然來了旨意，希望亞南繼續留下來。這對他來說，無異是個天大的喜訊。本來，他還在去留之間徘徊著，這下子可好了，能夠繼續留下來，讓自己有多一層的時間去考慮，去策劃，以為日後久留之計。可蔓芳那頭如何去向她說呢？新近，她動不動的就老愛纏著他追問何時打道回府，教他吱唔難以應對。

　　一天，他終鼓起勇氣對她直說了。「蔓芳，公司有意讓我在這兒多呆些時候，妳覺得怎樣？……我們回來這裡都這麼久了，妳該習慣了吧！老實說，這兒的一切並不比那邊差呢！而且，我覺得最要緊的還是……。」

　　「最要緊還是我們到底是黑髮黃膚的，應該回到屬於我們的東方落根是不是？」不待亞南把話說完，蔓芳就氣鼓鼓的一口氣搶著替他說了。「陳亞南！你這句話至今我都不曉得聽過多少遍啦，我受夠了！……就衝著你這句話，我要告訴你，就因為我們是黑髮黃膚的，才會在那種地方受盡歧視！現在，好不容易的我們總算在那裡掙得了一席之地，而你的事業也有所成了，……就憑這些，你就該繼續努力奮鬥下去……。亞南，我是死也不願意見到你就這麼輕易的放棄這樣的一個大好時機，你明白麼？」

　　「可是蔓芳……，」亞南艱澀的接下去說，「妳該知道，妳、我都是肉體做成的，不是機器人！人的身心有一天也是會疲會老的，到那個時候，有誰還會要你呢？……與其到頭來在異鄉落得個冷冷清清，淒淒苦苦的，倒不如及早回頭，趁自己年輕還有餘力，為自己的地方多做點事，這樣，也好教自己的後半輩子過得心安理得啊！……」

　　「陳亞南，你不必再說下去了！」蔓芳鐵灰著臉，「你的那一番大道理，我不懂，也沒興趣！你留著慢慢說給別人聽去吧！再說人生在世，有那幾個是不講求現實的？只要你有幾個錢，再加上本身的優越條件，則不論你走到那裡，都會受歡迎的。所以……，趁著你還年輕，還是多為自己的將來設想設想吧！所謂人不為己，天誅地滅。這才是至理名言！」

　　「蔓芳，妳果真這麼想麼？」亞南絕望地。

　　「要不然呢？」蔓芳冷冷地回了這麼一句。

　　「不，蔓芳，妳聽我說，……」亞南抓住最後一線希望苦苦懇求道：「現在公司既然給了我這麼一個機會，就讓我們留下來試試看吧，萬一到時候仍然沒辦法適應的話，再走也不遲呀！」

　　「嘿，亞南，你想得倒是頂週到的呀！」蔓芳冷笑道：「不過，我可不想再上你的當了！要適應你自個慢慢去適應吧，反正我是不想再呆下去了！」

　　「好！蔓芳，算妳有勇氣，要走妳儘管走吧！」一聽到蔓芳說她是上了自己的當，陳亞南再也忍不住了，「我是非留下來不可了！」

　　「好哇，陳亞南，今天這話可是你自己說出口的，你想攆我走，我就走給你看！別以為沒有了你我就活不下去了！哼！」

　　「哼！」亞南的火氣也正盛著，便不再搭理她。

　　沒想到次日，蔓芳果真一個人去辦了離境手續。陳亞南這才驚惶失措起來。真想不到自己的那一番話竟鑄成了大禍！

「蔓芳，妳真的要走？」

「哼，你現在還有臉來問我？」

「蔓芳，妳走了，那孩子們呢？……」想到年幼無知的小華跟小芬，亞南的一張臉痛苦的扭曲著。

「孩子？暫時就由你代勞一下了！」蔓芳無動於衷地，「等我到了那邊，一切都弄妥後，就來接他們走。你放心吧，我可不想讓他們留下來跟你一塊受罪呢！我要教他們在外邊做個頂天立地的獨立個體，不再為自己的淵源感到困擾！」

蔓芳狠狠的擲下這幾句話，走了。

蔓芳真的就這樣的走了！

陳亞南，就算我倒楣吧，做了一次傻子！（蔓芳繼續這麼寫道。）不過，我要告訴你，我現在可是過得好好的。……我們的房子，我已經把它租出去了，嘿，租金還不錯！反正一個人嘛，隨便住那裡都可以，頂自由的。我現在嘛就在我同學林雪芬那邊，跟她學做房地產生意，很不錯哪！告訴你，這半年來，我已經做成了五、六宗生意，嘿，成績還不錯吧！……還有，我二姐在三藩市新近開了一家餐館，要我過去幫她，我還在考慮呢！做了餐館，就做不成地產生意，真是魚與熊掌……。從現在開始，我要努力做事，不管做什麼，只要能賺錢就好。美國地方不好住，將來存夠了錢，還可以到瑞士，到……。哈！

啊，對啦，小華跟小芬怎麼了？沒讓你給磨成小難民吧？！（哼，真虧她還問得出口！）

想起她臨上機那日，小華跟小芬兩個，哭得淚人兒似的，一個拉左邊，一個拉右邊，差點兒沒把她給扯成兩半！但她卻奮力的甩開他們，頭也不回的走了。……

噢，時候不早啦，等下還有約呢，是連醫生請的客。……哈，他這人也真怪，年紀都一大把了，到現在依然是王老五一個。那天，無意中在街上碰到他，就開玩笑的說要給他介紹一個，誰知道他即刻要請吃飯以謝我這個大媒人哪！（哼！怕不這般簡單吧？！陳亞南打自鼻孔裡頭冷哼了一聲，眉頭也跟著打了好幾個結。）

連醫生這人他不是不知道，他是蔓芳大哥的同學，比蔓芳整整大了十幾歲。當亞南還在台南唸書的時節，大三那年，認識了蔓芳，接著兩人便很快的好起來。這之後，他才由她口中知道，連醫生很喜歡她，可是她對他卻沒什麼意思。什麼原因她沒說，亞南也不好追問下去。……不想這姓連的卻在這非常時刻出現了……。

好啦，陳亞南，最後我要說的還是那句話：除非你儘快返來此地……。還有，假如你堅持著留下來的話，後果你當自己負責！我是不會再寫信給你的了，再見！

沈蔓芳

×月×日

當亞南把臉從那冰冷的手掌心裡抽出時，夕暉已不知於何時悄悄隱去，昏暗爬滿一室。

他一手支撐著椅背想站起來，冷不防一陣踉蹌，雙腿一軟，復又跌坐在椅面上。

肚子實在空得難受；但此刻另一種更強的意念促使他更堅定的站立起來。

他於是想起今日中午時分，他辦公室裡頭那個人長得並不怎麼，也不太愛說話，但心地卻是一片善良的徐小姐，對他說過她老母親，由於如今兒孫們都長大了，在家裡閒悶得

發慌，很願意代他照顧小華跟小芬小兄妹倆。假如他想念他
們的話，可以即刻到鄉下去把小兄妹倆給接出來。真虧她想
得週到哩！陳亞南心裡脹滿的盡是感激，可一張嘴卻是笨拙
得不知該如何表達才是。良久，方才訥訥說道：「真多謝妳
了，徐小姐！那不太便當吧？」

　　「不要緊的，陳先生。你回去考慮考慮再說吧！」徐小
姐臉上彷彿掠過些許失望之色……陳亞南這才發覺自己失
言，很後悔沒有立刻答應下來。

　　此刻想起來，覺得有即刻「回話」的必要；其實他是可
以等到明兒再見著她時才告訴她的，可是他再也等不及了！
隨即在黑暗的角落裡一把摸起聽筒……很快的對方那邊有了
反應，而這頭的陳亞南卻緊握著話筒一句話也說不上來了。

　　沈蔓芳的信被囚緊在他那只濕熱的大手掌心裡，早已面
目全非……

　　　　　　　　　于 1982 年新加坡文化部聯合各
　　　　　　　　　大語文報章所主辦的全國短篇
　　　　　　　　　小說創作比賽中獲得『佳作獎』